Michael Ruetz

1968 – Ein Zeitalter wird besichtigt

Michael Ruetz

1968

Ein Zeitalter wird besichtigt

323 Photographien
mit Texten von Rolf Sachsse,
Henryk M. Broder und
Michael Ruetz

Zweitausendeins

Gewidmet
der bescheidenen Olympierin
BARBARA KLEMM.

Erstausgabe
1. Auflage, Dezember 1997

Textlektorat: Andreas Eisenhart
Gestaltung, Typographie, Umschlag und Herstellung: Eberhard Delius, Berlin.
Schrift: Galliard der Berthold Systeme
Lithographie: Gert Schwab / Steidl, Schwab Scantechnik, Göttingen
Druck, Bindung: Steidl, Göttingen
Printed in Germany
Dieses Buch wurde auf Recyclingpapier gedruckt, das jeweils zur Hälfte aus bedrucktem Altpapier und chlorfrei gebleichter Frischfaser besteht.
Dieses mattgestrichene Spezialpapier enthält keine optischen Aufheller.

Dieses Buch gibt es nur bei Zweitausendeins im Versand (Postfach, D-60381 Frankfurt am Main, Telefon 01805-23 2001, Fax 01805-24 2001) oder in den Zweitausendeins-Läden in Berlin, Düsseldorf, Essen, Frankfurt, Freiburg, Hamburg, Köln, München, Nürnberg, Saarbrücken, Stuttgart.

In der Schweiz über buch 2000, Postfach 89, CH-8910 Affoltern a.A.

ISBN 3-86150-248-8

Inhalt

Henryk M. Broder

Das Monster trägt Mokassins

Verglichen mit den zwölf langen und spannenden Jahren von 1933 bis 1945 ging es es in der Bundesrepublik von 1945 bis in die Mitte der 6oer Jahre zu wie in einem Altersheim, dessen Bewohner gelegentlich einen gemeinsamen Kegelabend unternehmen, um etwas Aufregendes zu erleben. Die Deutschen, so schien es, hatten sich ausgetobt, von Abenteuern die Nase voll und außer fetten Koteletts, sauberen Koteletten und sicheren Karrieren nur eines im Sinn: Nie wieder Experimente!

Die Entnazifizierung war erfolgreich abgeschlossen, die deutsche Bratwurst mußte sich nicht gegen Döner und Gyros behaupten, die zugereisten Fremden hießen »Gastarbeiter« und wurden mit Blumen am Bahnsteig empfangen. Das »heitere Beruferaten« mit Robert Lembke und die Sportübertragungen mit Heinz Maegerlein waren die Unterhaltungshits im Fernsehen. Es gab keine Grünen, Ökologie war noch nicht erfunden, vom »Holocaust« noch keine Rede, und der andere deutsche Staat wurde SBZ bzw. »DDR« genannt. Die deutsche Frau wußte nicht, was ein Orgasmus ist und der deutsche Mann hätte auf die Aufforderung, sich zum Pinkeln hinzusetzen, mit einem Blasenverschluß reagiert.

Deutschland, genauer: die Bundesrepublik war eine Idylle, ein Hort der Ruhe, der Stabilität und des wachsenden Wohlstands inmitten eines Europa, das sich von den Verwüstungen des Krieges viel langsamer erholte als die Nation, die den Krieg angezettelt und verloren hatte. Oder hatte Deutschland, von der SBZ abgesehen, den Krieg gar nicht verloren? War nur ein Feldversuch vorzeitig abgebrochen worden?

Das Ende der Idylle läßt sich auf den Tag genau bestimmen. Im Herbst 1966 hatte der Rat der Stadt Köln beschlossen, die Preise der KVB (Kölner Verkehrsbetriebe) geringfügig anzuheben. Daraufhin rief der Asta der Kölner Uni zu einer Protestdemo am 24. Oktober 1966 auf. Es wurde die erste gewalttätige Konfrontation zwischen den Studenten und der Staatsmacht in Gestalt der Kölner Polizei, die bis dahin keine größere Herausforderung zu bestehen hatte, als den Rosenmontagszug zu begleiten und hinterher die Bierleichen einzusammeln. Beide Seiten hatten noch keine Erfahrung im Umgang miteinander, und so wurde die Demo zu einem Hase- und Igelspiel. Mal trieb die Polizei die Studenten vom Neumarkt zum Rudolfplatz vor sich her, dann rannten die Studenten vom Rudolfplatz zum Neumarkt und warteten dort auf die Polizisten, die noch nicht so gut durchtrainiert waren wie heute, um sie mit Spottrufen zu empfangen: »Tags sind sie Bullen, nachts sind sie Nullen!«, wobei der rechte Oberarm zuerst wie ein Knüppel hochgehalten und dann wie ein Schlappschwanz nach unten hin- und hergeschwenkt wurde.

So hatten alle ihren Spaß, und die alten Lenin-Worte, in Deutschland könnte es zu keiner Revolution kommen, weil sowohl das Betreten des Rasens wie der Bahnsteige ohne eine Bahnsteigkarte verboten wäre, wurden zugleich bestätigt und widerlegt. Die »Revoluion« war da, plötzlich wurden die Rasen-betreten-verboten-Schilder ignoriert, und daß die Bahnsteigkartenpflicht etwa zur selben Zeit abgeschafft wurde, war sicher kein Zufall, sondern ein Ergebnis komplexer gesellschaftlicher Gärungsprozesse.

Die Nachkriegszeit dauerte 2o Jahre, länger als der Krieg und sein großdeutsches Vorspiel gedauert hatten. Was dann einsetzte, ist auch aus über 3o Jahren Abstand schwer auf einen griffigen Nenner zu bringen. Zu behaupten, Deutschland wurde langsam »normal«, würde eine ganz andere Definition des Begriffes »Normalität« voraussetzen. Zu sagen, das alte Nazimonster habe nur die Stiefel gegen ein paar bequeme Mokassins getauscht, wäre genauso falsch. Deutschland mutierte von einer glücklosen Weltmacht zu einem, wie Amos Elon es beschrieb, »heimgesuchten Land«, in dem die Schatten der Vergangenheit umso länger wurden, je stärker die Sonne der Prosperität strahlte.

Außerstande, mit der eigenen Geschichte klarzukommen, verlegten sich die Nachgeborenen darauf, Spielchen zu erfinden bzw. zu kopieren. »Dem Volke dienen« hieß eines, »Der lange Marsch« ein anderes. Die lautesten Schreihälse kamen aus den braunsten Familien, Ende der sechziger/Anfang der siebziger Jahre gab es in den der Bundesrepublik ein halbes Dutzend kommunistischer Gruppen und Parteien, die einen Markt bedienten, der nur auf ihren eigenen Parteitagen existierte.

Ich erinnere mich an einen »Kongreß« der KPD/AO, der in der Kölner »Flora« abgehalten wurde, einem Gartenlokal inmitten absurder Blumenarrangements. Es ging, wie immer, um die Internationale Solidarität, den Kampf gegen das Kapital und den Sturz der bürgerlichen Klasse. Am Eingang zum Saal stand ein Ordner, der die Besucher reinließ oder zurückwies, wobei er sich klarer Maßstäbe bediente. »Genosse« bzw. »Genossin, wo bist du organisiert?«, fragte er jeden, der keinen KPD/AO-Ausweis vorzeigte. Die richtige Antwort auf diese Frage mußte lauten: »In der Liga gegen den Imperialismus« oder »Im revolutionären Jugendverband« oder »In der Roten Hilfe«, die politische Gefangene mit Aufrufen unterstützte. Ich sagte: »In der AOK«, worauf der Ordner zustimmend nickte und erwiderte: »In Ordnung, Genosse, du darfst rein!« Und so wurde es doch noch ein schöner Abend unter lauter Revolutionären, die Unmengen von Resolutionen wälzten, stundenlang über die Frage stritten, welche Befreiungsbewegung in Angola anerkannt werden sollte und den »Faschisten« die geballte Faust entgegenreckten, während sie in der anderen Hand das halbvolle Kölschglas hielten.

Das »Establishment« nahm solche Mätzchen ebenso ernst wie sie gemeint waren, weswegen unter den Angehörigen der revolutionären »Massenorganisationen« auch Mitarbeiter des Verfassungsschutzes waren, die das Treiben der anderen Aktivisten beobachteten, unter denen wiederum auch West-IMs der Stasi wirkten. Im optimalen Falle wäre das Verhältnis Verfassungsschutz zu HVA des MfS etwa halbe-halbe gewesen, von ein paar naiven Idioten abgesehen, die wirklich daran glaubten, daß Albanien gegen die imperialistische Aggression von Mercedes Benz und Coca Cola verteidigt werden muß.

Um das »System« bzw. den »Apparat« in hysterische Schwingungen zu versetzen, genügte manchmal auch ein witziger Einfall, der nicht verstanden wurde. Ich ließ mir irgendwann Anfang der siebziger Jahre einen Briefbogen drucken, auf dem die die Köpfe von Marx, Engels, Lenin, Stalin und Mao zu sehen waren (das Firmenlogo der KPD/ML und der KPD/AO) - ergänzt um meinen Kopf. Schaute man auf den Briefbogen, blickten Marx, Engels, Lenin, Stalin und Mao nach links, während ich mich nach rechts wandte. Aus der Perspektive des Briefbogens war es natürlich umgekehrt: Marx, Engels, Lenin, Stalin und Mao schauten nach rechts, während ich der einzige war, der nach links blickte, zum Osten hin, wo die Sonne aufgeht und die Revolution beginnt. Die Pointe war einerseits zu doppelbödig, andererseits zu subtil, und so kam es, daß eines Tages in einem WDR-Gremium darüber beraten wurde, ob man einen Menschen, der seiner politischen Haltung dermaßen offen Ausdruck verleiht, noch als Autor beschäftigen könnte. Für einen winzigen Moment wurde ich zu einer Gefahr für die freiheitlich-demokratische Grundordnung, die bereits Hans Globke, Heinrich Lübke und die Erben der Firma Freisler schadlos absorbiert hatte.

Wirklich ernst wurde es erst, nachdem Blut geflossen war. Als Holger Meins verhaftet und nur mit einer Unterhose bekleidet abgeführt wurde, kam irgendjemand im Morgenmagazin des WDR auf die Idee, den Vorgang aus psychoanalytischer Sicht zu deuten - mit Hilfe eines Experten für das sogenannte Böse. Daraufhin klingelte in der Morgendämmerung bei Ernest Borneman in Scharten/Oberösterreich das Telefon, der aufgrund seines Buches »Das Patriarchat« als männlicher Feminist galt, doch von den hauptamtlichen Feministinnen als inkompetenter Ranschmeißer verachtet wurde. Borneman, der eigentlich ein Experte für die Geschichte des Jazz war, vor den Nazis emigrieren mußte und vom Wesen und Wirken der RAF keine Ahnung hatte, sah nur einen jungen Mann in Handschellen und Unterhosen und erzählte was von einem brutalen Staatsapparat, der idealistische junge Menschen verfolgen würde. Hätte er vorgeschlagen, Adolf Hitler zu rehabilitieren und ihm ein Ehrengrab in Kölner Dom zu geben, wäre der Skandal nicht größer gewesen. Ein Orkan der Empörung brach los, der keinen klaren Gedanken mehr zuließ. Dabei war das ganze ein Mißverständnis von der Art, wie sie den Gang der deutschen Geschichte bestimmen, seit Bismarck sich versehentlich mit den Sozialdemokraten anlegte. Borneman war gar nicht gemeint gewesen, die Redaktion hatte ihn mit einem anderen Populäranalytiker verwechselt, vermutlich Horst Eberhard Richter. Doch es war zu spät, Borneman bekam »Hausverbot«, durfte einige Jahre weder als Autor beschäftigt noch als Interviewpartner befragt werden. Während im linksliberalen Milieu darüber geklagt wurde, daß der Ausdruck »Baader-Meinhof-Bande« faschistoid wäre und nur ganz Mutige sich trauten, von der »Baader-Meinhof-Gruppe« zu sprechen.

Im Oktober 1977 erschien in Lund/Schweden ein Buch, dessen Vertrieb in Deutschland verboten wurde: »texte: RAF«, herausgegeben vom »Internationalen Komitee zur Verteidigung politischer Gefangener in Westeuropa« - in Osteuropa gab es zu jener Zeit keine politischen Gefangenen - »Sektion BRD, Stuttgart«. Statt das Buch zu verbieten, hätten die westdeutschen Behörden es massenhaft nachdrucken und an allen Schulen verbreiten sollen. Das politische Testament der RAF hätte, richtig gelesen, ein Beitrag zur antifaschistischen Bewußtseinsbildung werden können, ein Beweis dafür, daß das Dritte Reich zwar am 8. Mai 1945 kapituliert hatte aber doch nicht restlos untergegangen war.

»der letzte brief von holger meins«, mit dem die Textesammlung anfängt, klingt wie ein Echo aus dem Kellerraum der Reichskanzlei, in dem der Führer sich das Leben nahm: »Das einzige was zählt ist der K a m p f - jetzt heute morgen, gefressen oder nicht... D u r c h den Kampf f ü r den Kampf... Und der Kampf hört nie auf...« - Wie der Kampf von Holger Meins endete, ist bekannt. Wie er sich entwickelt hätte, wenn es nach Meins gegangen wäre, steht in seinem letzten Brief: »Entweder Schwein oder Mensch / Entweder überleben um jeden / Preis oder Kampf bis zum Tod / Entweder Problem oder Lösung / Dazwischen gibt es nichts.«

Noch heute ist »texte: RAF« ein lesenswertes Buch, eine Strapaze zwar, aber eine, die den Blick zurück von jeder nostalgischen Trübung befreit. Wo es ein Problem oder eine Lösung und nichts dazwischen gibt, da bietet sich irgendwann eine Endlösung als optimale Option ganz von alleine an. Dieselbe totalitäre Energie, die das NS-Regime ausgezeichnet hat, wo der Kampf bis zum Tod eine Primärtugend war und Adolf Eichmann zwischen einem Problem und seiner Lösung die kürzeste Verbindung herstellte, hat auch das theoretische Werk der RAF bestimmt. Natürlich war die RAF nie in der Lage gewesen, die Macht in der Bundesrepublik zu übernehmen. Aber sie hat den Rechtsstaat an den Rand des Abgrunds getrieben - noch ein paar Terroranschläge, und die Bundesrepublik wäre der Polizeistaat geworden, der sie nach Überzeugung der RAF-Leute schon immer war. Da mag man sich bei der Vorstellung gruseln, was wäre, wenn... Wenn Rudi Dutschke, der wie ein linksalternativer Duce verehrt wurde, Bundeskanzler geworden wäre und Horst Mahler sein Justizminister; wenn Andreas Baader das Innenministerium übernommen hätte und Jan-Carl Raspe das Außenamt; wenn Gudrun Ensslin das Wohlfahrtsministerium zugefallen wäre und Ulrike Meinhof das Ministeriumm für Aufklärung und Information... Wem das noch nicht reicht, um sich schlaflos im Bett zu wälzen, der lese die Interviews nach, die Inge Viett nach 2o Jahren Haft gegeben hat: ungebrochen, ungebeugt, unbelehrbar.

Wir haben also Glück gehabt, sind mit Franz-Josef Strauß, Friedrich Zimmermann, Werner Maihofer, Hermann Höcherl und Hans-Jochen Vogel relativ gut bedient gewesen. Es hätte alles schlimmer kommen können. Das alte Doppel-Deutschland, das in diesem Buch dokumentiert wird, gibt es nicht mehr. Das neue Deutschland befindet sich in einer ähnlichen Umbruchsituation wie es die Bundesrepublik in den 6oer und 7oer Jahren war. In 2o, 3o Jahren werden wir uns wieder bei der Vorstellung gruseln, was wäre, wenn... und vielleicht sogar Helmut Kohl dankbar sein, daß er so lange durchgehalten hat. Oder wir werden begreifen, was alles in den 9oer Jahren schiefgelaufen ist.

Warten wir es einfach ab.

Berlin, 30.10.97

Rolf Sachsse · Geschichte Erinnern

Eine Gebrauchsanleitung

»Deine Tante ist ja schon so alt!«
»Wie alt?«
»Die erinnert sich nur noch schwarzweiß!«
(Micky Maus, Heft 35/1997)

Die jüngsten der hier vorgeführten Bilder sind dreiundzwanzig Jahre alt, die ältesten dreiunddreissig. Menschen, die zur Zeit ihrer Aufnahme geboren wurden, stehen heute in der Blüte ihrer Jahre, sagt man. Die Menschen, die auf den Bildern gezeigt werden, haben inzwischen – mit Ausnahme der Kinder – mindestens die erste Hälfte ihres Lebens hinter sich, sind alt oder tot. Es ist ein historisches Zeitalter, das hier besichtigt wird, lange vorbei und dennoch vielen Betrachtern gegenwärtig. Es hat sie in der einen oder anderen Weise geprägt. Hinzu kommt, daß der Ort des Geschehens in der Zeit nach den Bildern dieses Buches an symbolischer Kraft durch ganz andere historische Ereignisse noch gewonnen hat: Berlin. Mit wenigen Ausnahmen sind alle Bilder hier entstanden.

Das Buch hat eine Jahreszahl zum Titel und legt im Untertitel eine Zeitspanne fest. Beides ist vom Autor Michael Ruetz symbolisch gesehen und erwählt worden. »1968« steht als zeitlicher Begriff für eine Reihe von Ereignissen und Auseinandersetzungen. Soweit sich dieses machen ließ, sind sie alle in Bilder gefaßt: Höhepunkt der studentischen Revolte in Universitäten und auf Straßen; Einmarsch der sowjetischen Truppen in die Tschechoslovakei und Beendigung des *Prager Frühlings*; Etablierung neuer Aktionsformen in Theater und bildender Kunst. Die vier bis fünf Jahre vor 1968 führen auf diesen Höhepunkt zu; die fünf bis sechs Jahre danach belegen die Etablierung des bis dahin Erreichten. Die Universitäten veränderten sich kaum sichtbar, aber in Theater und Kunst firmierte nun vieles unter einem *erweiterten Kunstbegriff*, der sich in Personen wie Peter Stein oder Joseph Beuys und ihrer Arbeit manifestierte.

Es ist für die deutsche Geschichte des zwanzigsten Jahrhunderts üblich, die Einteilung in Dezennien dahingehend zu verschieben, daß die Endpunkte etwa in der Mitte eines numerischen Jahrzehnts liegen. Die berühmten zwanziger Jahre beginnen erst nach der Inflation, kulminieren in der Weltwirtschaftskrise und laufen mit dem Beginn des nationalsozialistischen Regimes aus. Die vierziger Jahre bezeichnen in der deutschen Geschichte – im Gegensatz zur nordamerikanischen – mehr die Nachkriegszeit und die Etablierung zweier Staaten als deren Vorgeschichte im zweiten Weltkrieg. Ähnliches gilt für das Zeitalter, das wir sechziger Jahre zu nennen uns angewöhnt haben. Michael Ruetz setzt mit seinen Bildern um 1964 ein und endet mit Aufnahmen des Jahres 1974. Der Schwerpunkt liegt in den zwei Jahren vor und im Jahr 1968 selbst. Mit den siebziger Jahren hat dieses Buch demnach nichts zu tun.

Der Ort ist bedeutungsvoll. Berlin war einmal eine geteilte Stadt, in dieser Besichtigung ist sie es ebensowenig wie zum Zeitpunkt der Entstehung des Buchs. Das ist keine historische Legitimation des Pathos vom 'Zusammen-wachsen dessen, was zusammengehört', sondern schlichtes Ergebnis eines Auswahlprozesses, bei dem Bilder und Ereignisse von ähnlicher Metaphorik sind. Das heißt nicht, daß die vorliegende Auswahl eine Teilung Berlins und Deutschlands leugnete, ganz im Gegenteil. Diese Teilung wird nur an einer anderen, mindestens ebenso bedeutsamen Linie entlang sichtbar: Im Osten ist Alltag, im Westen wird agiert. Auf beiden Seiten der weitgehend undurchlässigen Grenze wird demonstriert, gefeiert, gestritten und gelebt. Doch auch hier steht das Jahr 1968 für eine entscheidende Wende: Die Prager Truppenkontingente walzen den *Èlan vital* der Epoche platt. Der real existierende Kommunismus erwies als nicht refomierbar, und die Ökonomie des frei fliessenden Kapitalverkehrs befreite sich selbst von menschlicher Arbeit.

Die großen Ereignisse sind nicht das wesentliche Thema dieses Buches; sie waren niemals das erste Interesse von Michael Ruetz, selbst wenn er historisches Geschehen photographierte. Sein Geschichtsbild hat eine andere, komplexere Struktur. Sie ist durch symbolische Verknüpfungen gekennzeichnet, die eine Zeit, ihre Akteure und Handlungen, in Körpern und Gesichtern widerspiegelt. Dabei ist von geringerer Bedeutung, ob die Träger dieser Spiegel – persona als Maske in der griechischen Tragödie – als Handelnde in dieser Geschichte zu Ruhm und Ehre gekommen sind oder nicht. In vielen seiner Bildern geht es um Konventionen, die als Handlungsmuster präsent sind und sprachlich gefaßt werden können. Hier stehen Bilder und Titel in engem Zusammenhang, bis zu Schriften und Texten in den Photographien. Das kann soweit gehen, daß die Reproduktion von Plakaten, Telegrammen oder Transparenten und Texttafeln ästhetischen Eigenwert gewinnt. Als photographischer Vorgang steht sie hier neben und vor der Photokopie, die – wie im ganzen Zeitalter um 1968 – noch keine so große Rolle spielt.

Dieses Buch ist einem photographischen Album vergleichbar. Dessen Sinn und Zweck ist das Hervorrufen von Erinnerungen. Was bei privaten Bildern, ob lose in Schuhkartons herumfliegenden Abzügen oder dem als Inszenierung gefürchteten Diaabend, noch der persönlichen Erläuterung bedarf, um den kleinsten gemeinsamen Nenner des Erinnerbaren zu sichern, das ist bei einem Buch mit dem Anspruch der Besichtigung eines Zeitalters die Evozierung des kollektiven Gedächtnisses. Darin eingelagert sind nicht nur die eigenen Erinnerungen, sondern auch die Momente und Motive vieler anderer Menschen. Ein kollektives Gedächtnis verbindet über die Bildung von Mythen, Legenden und Traditionen jeweils größere Gruppen einer Gesellschaft; und es mag für die Definition eines Zeitalters ausreichen, daß eine kleine Zahl solcher Gruppen je ein Gedächtnis bildet, aus dem sich das historische Weltbild des Einzelnen zu speisen vermag – gleich, ob er dabei war oder nicht.

Kollektive Gedächtnisse entstehen aus zwei Formen der Tradierung: aus *Ikonen* und *Geschichten*. Beide hat Michael Ruetz in diesem Buch in das Medium der Photographie übertragen und, wie seine Kapitelüberschriften zeigen, bewußt genutzt. Die Ikone steht, wie Hans Belting in seiner *Geschichte des Bildes vor der Kunst* belegt hat,[1] als singuläres Bild im Kultraum vor aller Mimesis. Sie referiert jenen Fundus symbolischer Momente, hinter den innerhalb einer kultischen Gemeinde nicht mehr zurückgegangen werden kann.

Michael Ruetz' Gebrauch der Ikone ist weniger transzendent und verweist ganz praktisch auf die Leitbilder einer Epoche, natürlich auch auf sein Glück und seinen Stolz, einige davon gemacht haben zu können. Die Geschichten sind als Plural zur Geschichte – und damit zum Zeitalter – leichter, spielerischer, assoziativer.

Es gibt zwei Sinne mit hoher Gedächtnisleistung, die nicht an einen Ort und Zeitpunkt des Erinnerns – außer natürlich im Körper des Erinnernden – gebunden sind: das Hören und das Sehen. Um letzteres geht es hier, denn im Buch wird zuerst der Gesichtssinn angesprochen. Und im visuellen Denken, zu dem ja auch das Lesen gehört, hat seit einhundert Jahren kein bildhaftes Medium mehr Kraft gehabt als die Photographie.[2] Ihre mimetische Bindung an das, was sie zeigt, fungiert als Klammer aller Konventionen, auf denen sich Erinnerung erst bilden kann. Photographische Bilder sind demnach Partiturblättern vergleichbar, aus denen jeder Interpret – unter der Voraussetzung desselben Materials – seine Deutung des Dargestellten entwickeln kann. Ein Zeitalter wird durch Photographien zum Leben erweckt, das individuelle wie das kollektive Gedächtnis durch Bilder angeregt.

Das ist ein dynamischer Prozeß und für jedes Zeitalter anders. Am 25. August 1967 wurde in Europa das Farbfernsehen eingeführt. In den Jahren davor und danach nahm die Zahl der Fernsehgeräte in deutschen Haushalten sprunghaft zu. Genau zu der Zeit, als das eigentliche Informationsmedium visueller Botschaften sich vom gedruckten Bild zur bewegten Bildschirmsequenz verschob, begann die Kampagne um den Einfluß eines Boulevardblattes und seines Verlegers auf die öffentliche Meinungsbildung. Wie auf einigen Bildern dieses Buch zu sehen, wurde er von den Studenten im Sinne einer Rückgewinnung der Agora für Athener wie Berliner Bürger geführt. Sieht man von einigen Nachhutgefechten bis in die neunziger Jahre hinein ab, war dieser Kampf für die Printmedien ohnehin verloren. Das konnte 1967 niemand ahnen, gehört dennoch zum Allgemeingut der Erinnerung.

Insofern markieren die Bilder von Michael Ruetz mediengeschichtlich einen Wendepunkt. Einerseits kann er aufgrund seiner Situation und aktiven Teilhabe an den Berliner Ereignissen eine Form der *partizipierenden Beobachtung* praktizieren, die vorher technisch und methodisch schwierig gewesen wäre. Andererseits stehen seine Bilder am Ende einer langen Tradition photographischer Essays, die der illustrierten Presse in Form der Magazine Inhalt und Gewicht gegeben haben – in der nachdenklicheren Summierung von Ereignissen und Portraits, als sie eine Tageszeitung aufgrund ihrer Produktionsweise je geben könnte. Michael Ruetz ist in diese Art der *magazine photography* fast unmerklich hineingerutscht, indem er seine ersten Bilder an amerikanische Magazine verkaufte und bald Aufträge erhielt, aus denen er viele der hier präsentierten Bilder und Geschichten entnehmen konnte. Irgendwann hat er die Magazinphotographie wieder verlassen und sich größeren Projekten gewidmet, die als Ausstellung und öfter noch als Buch publiziert wurden und werden. Als Retrospektive ist das vorliegende Album ohne den Übergang zu anderen Projektformen im Œuvre des Photographen nicht denkbar.

Die in der Magazinphotographie vorformulierte Teilnahme am Geschehen ist Michael Ruetz zunächst geschehen, später hat er sie gesucht, bis er sich wieder mit bildnerischen wie literarischen Mitteln vom unmittelbaren Geschehen vor seiner Kamera distanzierte.[3] Diese Teilnahme wäre nicht möglich gewesen ohne Attraktionen in Politik, Kunst und Wissenschaft, mit denen auf diese Weise auseinanderzusetzen sich gelohnt hätte. Und da ist die Prägung einer Epoche durch ihre Herkunft wichtig, denn sie schafft die Grundlage für kleine, weit verstreute und in ihrer Bedeutung noch gar nicht erkennbare Ereignisse, die erst viel später – und vielleicht durch Bücher wie dieses samt seinen Vorgängern[4] und Nachfolgern – zu einem Gesamtbild geformt werden. Die Attraktivität eines Ereignisses bemißt sich im Nachhinein weniger durch den abstrakten Wert einer historischen Aussage als durch die Montage symbolischer Zeichen, die in ihm verbunden werden. Auf der Basis von inhaltlichen und grammatikalischen Konventionen fügen sich diese Montagen zu Bildern eines Zeitalters zusammen. Jedes Bild dieses Buches ist, für sich und im Zusammenhang mit anderen, Teil einer großen Partitur, deren Lesen und Umsetzen in hörbare Musik und sprachliche Bedeutung gewisse Kenntnisse voraussetzt und dennoch der individuellen Interpretation viel Raum läßt.

Dasselbe gilt für viele der Geschehnisse, die Michael Ruetz mit seiner Kamera aufgenommen hat. Unglaublich neugierig muß er gewesen sein, wenn er irgendwo las oder von irgendjemand hörte, daß das oder jenes hier oder da passieren sollte, sei es eine Versammlung, eine Demonstration oder eine Besetzung. Nie konnte er wissen, ob die Geschehnisse abbildbar, im Sinne des klassischen Werkprozesses bildender Kunst zum Sujet oder mindestens Bildvorwurf würden. Einer der merkwürdigsten Realitätsbezüge der Photographie besteht ja gerade in der Unvorhersehbarkeit dessen, was vor die Kamera kommen und vom Photographen aufgenommen werden wird. Die meisten Bilder dieses Buchs sind in der Weise entstanden, die Walter Benjamin nach Charles Baudelaire dem Literaten und später dem Photographen zuschrieb: Als Flaneur bewegt er sich in den Straßen und auf den Plätzen im Zustand gespannter Aufmerksamkeit, aber ohne Erregung, bis ihn ein Schock elektrisiert und er reagiert, bevor irgendein Gedanke von ihm Besitz ergreifen kann.[5] Daß der Photograph in diesem Prozeß selbst quasi unsichtbar wird, hat nicht nur Ruetz' Vorbild Henri Cartier-Bresson bewiesen, der einem Ondit zufolge sogar seine eigenen Vernissagen unerkannt besuchen konnte, sondern kann in diesem Buch auf dem Photo eines Kollegen betrachtet werden. Michael Ruetz lehnt im Ernst-Reuter-Saal der TU Berlin während einer der langatmigen Diskussionen des Springer-Hearings sogar am Rednerpult, und niemand scheint ihn zu bemerken. Die Umkehrprobe ist vielen Bildern zu entnehmen, bei deren Aufnahme der Photograph offensichtlich mitten in einer Menschenmenge steht und keiner von ihm Notiz nimmt, was sich an Köpfen und Blickrichtungen im Vordergrund ablesen läßt.

Das hat etwas mit der Natur der photographierten Ereignisse zu tun, die in einer heute kaum mehr vorstellbaren Weise die Aufmerksamkeit ihrer Betrachter fesselten. Das Zeitalter um 1968 war von Grenzüberschreitungen aller Art gekennzeichnet, von einem letzten Aufbegehren der Moderne durch den Abbruch von Traditionen. Diese Auflehnung war jedoch mit einer vagen Ahnung verbunden, daß ein solcher Traditionsbruch nicht vollständig realisierbar ist. Das galt für die bildende Kunst, wo Skulptur und Bild sich zugunsten von Happening, Fluxus und Performance auflösten;[6] das galt vor allem für die Universitäten, wo die Herrlichkeit der Ordinarien (mindestens vorläufig) einer Sitz- und Debattierkultur weichen mußte. Wo mehr als fünf Menschen auf einem Bild zu sehen sind, herrschte fröhliches Chaos, muntere Anarchie, wenigstens auf den ersten Blick. Immer aber war Ausnahmezustand, und der rechtfertigte die Anwesenheit des Photographen. Jede Demonstration, jede Straßenschlacht jedes Rededuell in der Universität, jede künstlerische Aktion war in sich einmalig und wurde erst durch Bilder verfügbar – was auch alle Anwesenden wußten. Erstaunen fördert das genaue Hinsehen: Manche Demonstranten, Passan-ten und Polizisten tauchen auf mehreren Bildern auf, ohne apriori prominente 'Köpfe des Zeitgeschehens' zu sein. Sie sind, es sei wiederholt, die personae des Dramas namens APO in Berlin.

Dem gegenüber stehen in diesem Buch wie in allen Erinnerungen jene grauen Alltäglichkeiten, die genügsamen kleinen Freuden und schrecklichen kleinen Katastrophen, aus denen die ewige Wiederkehr des Gleichen bestand und besteht. Sie hat es in der Kunstgeschichte auch schon immer gegeben, realistisch als Genre und symbolisch im Blumenstilleben.[7] Michael Ruetz hat den Alltag im Gesicht und in den Handlungen von Menschen gesucht, auch bei Alten und Kranken. Die Trennlinie zwischen grauem Alltag und wildem Geschehen darf jedoch nicht so auf die geteilte Stadt übertragen werden, daß dem Osten die Tristesse der ereignislosen Wiederkehr des Ewiggleichen samt einer Zeitverschiebung in die jüngere Vergangenheit zugeordnet wird, während im Westen sogar die Revolution fortschrittlicher war als ihr großes Vorbild. Darüberhinaus darf nicht vergessen werden, daß der ostdeutsche Alltag den Westlern so fern war wie der chinesische oder chilenische. In tausend Details hat Michael Ruetz sich ebenso von falschen Vorurteilen wie schnellen Verurteilungen ferngehalten. Was er damit leistet, entspricht den Untersuchungen des Herrn Morelli an den Ohrläppchen auf Personendarstellungen der berühmtesten Kunstwerke. Sie geben die sichersten Kriterien zur stilistischen Bestimmung unabhängig von der Bedeutung des dargestellten Objekts.[8]

Als Michael Ruetz seine Vietnam-Demonstranten vor den Apparat bekam, diskutierten Politologie-, Soziologie- und Journalismus-Studenten ernsthaft darüber, ob nicht der Kollege Eddie Adams seine Kamera doch besser zwischen die Pistole des Saigoner Polizeiobersten und den Kopf seines Opfers gehalten hätte, statt die ganze Sequenz zu photographieren. Von der Wirkungsgeschichte her ließe sich argumentieren, daß die Saigoner Bilder zum Ende des Vietnam-Krieges etwas beigetragen hätten, was den Tod des jungen Mannes nicht sinnvoller macht. Den toten Benno Ohnesorg hat Michael Ruetz ebenso wenig aufgenommen wie den angeschossenen Rudi Dutschke; einmal war er nicht anwesend, das andere Mal hätte das Bild nicht der Wahrheitsfindung dienlich sein können. Ein Paparazzo ist Michael Ruetz nie gewesen.

Er ist in die Rolle des Photographen hineingewachsen, weil er ein Teil des Geschehens war und doch distanziert. Michael Ruetz studierte Sinologie und war Assistent an der FU; unter Wissenschaftlern galt dieses philologische Sondergebiet als Orchideenfach, schön, klein und nicht frei vom Geruch des Parasitären. Sein Zugang zur Photographie war der eines Geisteswissenschaftlers. In einem Prager Antiquariat stieß er auf photohistorische Inkunabeln, beschloß, sich mit dem Medium zu beschäftigen und kaufte im Berliner PX-Shop eine erste Kamera mit automatischer Belichtungssteuerung. Der Titel des ersten gekauften Buches ist geeignet, eine Legende zu begründen: *Es kommt der neue Fotograf!*[9] Der Rest ist die alte Geschichte vom Dilettanten, der ohne den Ballast einer *déformation professionelle* und mit hohem Engagement viele Konkurrenten überholt.

Mehr als Beobachter zu sein in den Geschehnissen der APO hätte ihn überfordert, hat der Photograph rückblickend vermerkt. Das ist in aller Bescheidenheit ein medientheoretisch bedeutsamer Satz, weil er den Mythos des moment décisif in richtiger Weise auf den Kopf stellt.[10] Der entscheidende Augenblick kann vom Photographen gar nicht erkannt und (für-)wahrgenommen werden, sondern stellt sich erst im Nachhinein, und oft genug mit großem historischen Abstand, bei der Bildauswahl heraus. Der Photograph kann nur anwesend sein, mental wie emotional teilnehmen in der Beobachtung, mit sportlicher Frühreaktion auf Ereignisse und Konstellationen reagieren – und später die richtigen Bildauswahl treffen oder treffen laßen. Michael Ruetz hat diesen letzten Prozeß nie aus der Hand gegeben; seine Bildauswahl war, selbst wenn er sie einem Magazin zur Bearbeitung übergab, eine persönliche Auslese.

Bei der Entstehung der Bilder, die in diesem Buch zusammengefaßt sind, hat Michael Ruetz seine Rolle als teilnehmender Beobachter – wissenschaftshistorisch ein Import der Soziologie aus der Ethnologie, den es ohne Photographie wahrscheinlich nicht gegeben hätte[11] – in zeitlichem Nacheinander unterschiedlich ausgestaltet. Auch hier wäre der Begriff des 'Zugewachsenseins' richtig: Zunächst entstanden die Aufnahmen aus eigenem Antrieb, bei zwanglosen Treffen unter Studenten im Westen und bei eher heimlichen, fast durchwegs von der Staatssicherheit beobachteten Aufenthalten im Osten. Das Dabeisein war vom Zuruf abhängig, von der persönlichen Kondition und Neugier, von den informellen Informationskanälen einer studentischen Subkultur im abgekapselten Berlin. Versuchungen des schnellen Geldverdienens durch Bildlieferungen an die etablierten, alle studentischen Aktivitäten bösartigst verfolgenden Zeitungen dieser Stadt konnte Michael Ruetz widerstehen. Und als er die Universität endgültig verließ, begann er für deutsche und amerikanische Magazine zu arbeiten, vor allem für *Life*. Nach 1968 wurden *Der Spiegel* und der *stern* wichtige Kunden; da war die Unabhängigkeit des Beobachters im Photographieren jedoch schon so gefestigt, daß kein Einfluß der Käufer auf das Produkt mehr möglich war.

Die Zusammenarbeit mit amerikanischen Journalisten hat Michael Ruetz und seinen Berliner Bildern viel gebracht. Sie öffnete ihm nicht nur viele Türen und Tore im Westen wie im Osten, sondern führte ihm Techniken des *investigative journalism* vor, etwa wenn sein Kollege von *Life* sich festnehmen ließ, um das Verhalten der Berliner Polizei gegenüber den APO-Menschen selbst zu erleben, bevor er darüber schrieb. Solche Methoden gaben dem Photographen bald die Selbstsicherheit, mit einem weiteren Blick als die meisten Kollegen auf die Ereignisse in der geteilten Stadt zu schauen. Wie viele andere Wahl-Berliner vom Fliegen begeistert, hat er selbst einen Pilotenschein gemacht und seiner Stadt eines der schönsten Bücher mit Luftbildern gewidmet – in Farbe.[12] Obendrüber und untendrin geht zugleich nicht, das ist eine photographische Binsenweisheit, die auch Michael Ruetz immer beherzigt hat. Interessanter ist, daß die Menschen der APO ihm das abgenommen haben. Sie taten dies wohl, weil sie ihre eigene historische Bedeutung mehr fühlten denn exakt kannten. Wenn der Photograph nicht dabeigewesen wäre, hätte es diese Ereignisse historisch nicht gegeben, dann wären sie – im damaligen Jargon – nie *relevant* gewesen.

In diesem Wort – lateinisch für 'befreiend', aber auch 'mildernd und erleichternd' – steckt eine formale Qualität, die der Betrachtung von Photographien allzu selten zugrunde gelegt wird.[13] Nur dadurch, daß die Entstehung und Komposition des Bildes sich als beschreib- und kritisierbar offenbart, ist ein Herausnehmen aus der Zeit, aus dem Raum, aus dem unmittelbaren Ereignis und seinen Folgerungen möglich – und das ist die Voraussetzung für die Schaffung von Versatzstücken eines kollektiven Gedächtnisses. Insofern ist die inoffizielle Lehrzeit von Michael Ruetz bei dem abstrakten Maler und Photographen Heinz Hajek-Halke bedeutsam. Von ihm hat er durch Sehen und Probieren jene Bildmittel übernommen, die in den wichtigen Büchern der photographischen Avantgarde aus den zwanziger Jahre, die ihn dem Medium nahebrachten, nur auf Papier niedergelegt waren und letztlich theoretisch bleiben mußten. Und er hat von Hajek-Halke bildnerische Qualitäten zu nutzen gelernt, die jenseits einer pittoresken Ästhetik aus Form und Inhalt, aus Standpunkt und Blickwinkel anzusiedeln sind.

Stilistisch sind die Bildformen der Photographie als Repertoire zu beschreiben, das ein Photograph im Moment der Aufnahme quasi vorbewußt bereitstellt. Dies wird umso wichtiger, je weniger – vor allem bei der Arbeit mit schnellen Kameras und kleinen Suchern oder Mattscheiben – er eine vollständige Kontrolle über diese Bildformen ausüben kann oder will. Dieses Repertoire war prinzipiell schon der photographischen Avantgarde in den zwanziger Jahren gegeben, ihr aber unbewußt geblieben.[14] In den fünfziger Jahren kam als entscheidendes Moment die Geschwindigkeit hinzu, nicht nur für die Photographie. Sie war in den malerischen Prozeß als Garant einer Unmittelbarkeit bildnerischer Anteilnahme des Künstlers eingeflossen, und zwar vor der Form – im Informel.[15] Heinz Hajek-Halke war mit den Entwicklungen in Malerei und Graphik vertraut, auch nutzte er halbautomatische, in Grenzen unkontrollierbare Verfahren bei der Entstehung seiner Photogramme und Lichtgraphiken. Seine Kenntnisse vermittelte er mindestens zwei Generationen junger Photographen; bei keinem jedoch ist das Repertoire so direkt an die Geschehnisse und den Zeitraum vor der Kamera gebunden wie bei Michael Ruetz. Dies garantiert die Qualität der Erinnerung an APO und andere Ereignisse; daher muß auf die Bildformen genauer eingegangen werden.

Die meisten Gebiete der Photographie sind Sonderformen des plastischen Sehens, nicht einer flächigen Komposition. Das gilt für die Bilder dieses Buches wie für das ganze Werk seines Photographen. Die Attraktion einer Konstellation, einer Begegnung, einer Situation, eines Geschehens oder Objekts geht für Michael Ruetz fast immer – Ausnahmen bestätigen die Regel[16] – von einem Raum in der Bildmitte aus. Die Räumlichkeit des Aufgenommenen kann entweder in die Bildtiefe ziehen und damit eine beschreibende wie dimensionierende Kategorie bereitstellen; Beispiele dafür sind die leicht von oben gesehenen Demonstrationszüge in exakt ausgemessenen städtebaulichen Bezügen oder die intimen Blicke in studentische Buden. Das Gegenstück der Ausdehnung bilden die aggressiv nach vorn und in die Bildfläche drängenden Menschengruppen, seien es festnehmende Polizisten, statuarische Politiker oder wütende Passanten. Dieser Kernraum eines jeden Bildes hat weiche Ränder und erlaubt einen graphisch sinnvollen Beschnitt – oder aber buchstäbliche Entdeckungen am Rande. Auch wenn der Raum des eigentlichen Bildgeschehens auf der Mitte der Bildfläche liegt, so zieht das keineswegs eine symmetrische Bildanlage nach sich.

Diese Raumkonstruktion bei Michael Ruetz hat zwei Grundlagen, die abstrakter nicht sein könnten: seine Übungen in chinesischer Kalligraphie und Hajek-Halkes Beziehung zur informellen Kunst der fünfziger Jahre. Einer strengen Dreipunkt-Fluchtkonstruktion nach Brunelleschi oder Dürer ist keine von Ruetz' Photographien verpflichtet, durch alle Perioden, Anlässe und Techniken hindurch. Die starre Einäugigkeit des Photoapparats und deren Bindung an die Zentralperspektive brauchte ihn nicht zu scheren, er mußte sie weder überwinden noch verstärken, weil sie sein Sehen nicht bestimmte. Stattdessen kam es ihm darauf an, den Ereignissen vor der Kamera einen Raum zu verschaffen, der ihre Einordnung ermöglichte, ihre Bewertung sicherte und sie überschaubar machte. Kurzum, Michael Ruetz schuf allen Geschehnissen vor seiner Kamera einen Innenraum, selbst außen.[17]

Dabei half ihm, daß er sich um die Technik der Photographie nicht allzuviel kümmerte. Ein mittleres Weitwinkel reichte, um im Geschehen zu sein; ein mittleres Tele gab nötigenfalls Distanz zum Wasserwerfer. Mehr wurde nicht gebraucht, das hatte ihn die Bedürfnislosigkeit des Hajek-Halke'schen Bildschaffens gelehrt.[18] Dieser hatte ihm aber auch mit seinem Insistieren auf graphischen Großformen und kleinsten Binnenstrukturen eine weitere Raumqualität nahegebracht: Raum braucht keine Kanten, keine Fluchten, keine Grenzen oder Linien. Raum konstituiert sich in den Bildern selbsttätig aus bewegenden Details, aus Menschen, Mützen und Hüten, aus Hemden und Haaren, aus Gesten und Gebärden. Eine jener Szenen, die Michael Ruetz beim Vietnam-Kongreß im TU-Audimax aufgenommen hat, erweckt besondere Aufmerksamkeit durch einen spiralförmigen Raum aus gebeugten Oberkörpern und gestreckten Armen, und alle Bewegungen gehen vom Charisma Rudi Dutschkes aus. Solche offenen Räume sind leicht mit Erinnerungen anzufüllen, und sie helfen einem guten Gedächtnis.

Leben erhalten diese Räume durch die vielen Figuren, aus denen sie gebildet sind. Das *theatrum mundi* des Barock war und ist jedem Bildjournalisten konstant so präsent, daß es weder räumlich noch metaphorisch thematisiert zu werden braucht. Es hat einen wichtigen Vorläufer in den *volkreichen Kalvarienbergen* der spätmittelalterlichen Altäre, deren Gruppierungen sich dann wieder die Bauern des *Bundschuh* zunutze machten, auf die Michael Ruetz in einer Ikone des Hunsrück – lange vor Edgar Reitz' Heimatfilm – verweist.[19] Selbst die frühneuzeitliche Groteske der individuellen Personendarstellung findet sich in den Volksmengen der Bilder wieder; hier wie dort verletzen sie niemals die Würde des Einzelnen, sondern prägen den Begriff eines Zeitalters im Angesicht des Einzelnen. Es ist das genaue Gegenteil des widerlichen *Ihr müßt diesen Typen nur ins Gesicht sehen*, mit dem der Berliner Regierende Bürgermeister Klaus Schütz damals die Studenten zu diskreditieren und ihrer Menschlichkeit zu berauben suchte. Je länger der historische Abstand wird, desto mehr verschwinden für die Betrachter auch die Auslöser von Freude, Wut oder Trauer aus den Gesichtern. Die Personen werden wie im Spiel zu Figuren, deren Zurechtrücken ein wichtiges Moment im Erinnern ist.

Die Kernräume in Ruetz' Bildern erstrecken sich selten bis zum Rand des Bildes, sondern laufen dorthin aus, werden weitgehend flächig. Gelegentlich wirkt dies, vor allem bei mittelweit gesehenen Strassenszenen, wie eine Transponierung surrealistischer Raumkonzepte – etwa bei Yves Tanguy oder Arshile Gorky – in den Realismus der Berliner APO-Veranstaltungen. Doch ist es mehr ein Zulassen des Zufalls, den Heinz Hajek-Halke seinem Hörer in einigen Sitzungen nahegebracht haben dürfte.

Die Distanziertheit des Photographen im Demonstrations- und Schlachtgetümmel, bei Pressekonferenzen und auf Parties brauchte nicht zu bedeuten, daß er sämtliche Bildmittel konstant unter bewußter Kontrolle hatte – diese Erfahrung am eigenen Leibe gehörte zur frühesten Lehrzeit eines Bildjournalisten, zumal bei einem, der aus der Geisteswissenschaft kam. So selbstbewußt zu sein, daß unvorhergesehene Details in das sonst bewußt konzipierte Bild hineinkriechen und es nötigenfalls grundlegend verändern können, setzt viel Wissen voraus und grenzt fast an buddhistische Gelassenheit.

So besteht eine der großen Freuden bei der Besichtigung eines Zeitalters, wie hier vorgeschlagen, im Auffinden von Details, auf die schon damals nie jemand geachtet hatte. Das mögen Texttafeln sein, unerwartete Werbebotschaften, wiedererkennbare Gesichter in Menschenmengen – wer hätte den 'Boot'-Regisseur Wolfgang Petersen in der ersten Klasse der Film- und Fernsehakademie gleich bei einer Besetzung vermutet? – oder ganz einfach Insignien des Zeitalters, die ungeahnte Assoziationen privater Natur freizusetzen vermögen: Automarken und -typen, Kleidungsstücke, Frisuren undsoweiter. Sie sind in Ruetz' Bildern nebenräumlich, aber nicht nebensächlich vorhanden. Selbst hier paßt die Analogie zum spätmittelalterlichen Altar, etwa bei den gemalten Triptychen Jörg Ratgebs: Keine Kreuzigung kam ohne die Würfelspiele der Soldaten aus, ohne kleine Nebenfiguren und städtische wie ländliche Szenerien, aus denen kräftig derbe, im Wortsinn politische Kritik an zeitgenössischen Zuständen ersichtlich ist.[20]

Dieses Album ist durchwoben von einem Projekt Michael Ruetz', dem er bereits eines seiner ersten Bilder widmete. Es trägt den Titel 'Deutsche Charaktere', hat 99 Teile und ist als typologische Sammlung eine radikale Antithese zu August Sanders Deutschenspiegel samt seinen Dutzenden von Nachfolgern.[21] Während Sander aus Kleidung, Habitus, Umraum und Ausdruck seiner Protagonisten ein bürgerliches Ständebild des späten 19. oder frühen 20. Jahrhunderts entwirft, kann sich eine Typologie, wie sie Michael Ruetz auffaltet, nicht mehr auf soziale Gruppierungen einlassen. Der spätmoderne Mensch ist selbst typologisch allein, kann nur noch mittels einer ausdifferenzierten *Körpersprache* und situativ zum Charakter werden. Die Prägung hat sich verschoben: Man ist nicht mehr, was man tut oder trägt, sondern man ist, wie man sich gibt. Keine Frage von Schein und Sein, sondern allein eine Frage der Oberfläche und der Haltung, jeweils gültig für den Moment – der Aufnahme. Historisch gesehen, bleibt sich das Ergebnis gleich. Weder sind Sanders Arbeitslose noch seine Gymnasiasten mehr vorhanden, noch kann Rudi Dutschke weiterhin mit Jimi Hendrix oder Martin Luther King konkurrieren. Aber alle erzählen uns einiges über das Zeitalter. Dies ist eine Besichtigung.

Die Bildform der 'Deutschen Charaktere' ist nicht so leicht fixierbar wie der Raum der Ereignisse. Michael Ruetz hat seine journalistischen Portraits zunächst statuarisch fixiert, oft in die Bildmitte plaziert, wobei der Raum, im Gegensatz zu den meisten Straßen- und Ereignisbildern, stark fluchtet und exakt begrenzt ist. Diese eher starre und immer monumentalisierende Form wird manchmal zugunsten einer asymmetrischen Orientierung aufgegeben. Für den Charakter – als Münzprägung eine skulpturale Darstellung mit primär politischem Gehalt[22] – von Bedeutung ist die Plazierung seines Volumens im Bild, und da arbeitet der Photograph direkt plastisch, mit dem Licht. Rudi Dutschke, Willy Brandt und andere Hoffnungsträger sind deutlich modelliert; die Märtyrer der Polizeigewalt werden durch das Blitzlicht aus der Nacht herausgeholt, in der die schwarzen Ledermäntel und polierten Tschakos die Banalität des Bösen referieren; die Durchschnittstypen am Rande von Aufmärschen, Badestränden und Demonstrationen sind in gleichmäßiges Grau und matte Oberflächen gehüllt.

Ausnahmen bestätigen wiederum die Regel: Ein 'deutscher Charakter' von der Qualität einer Ikone ist jener Student, der zu Füßen einiger Polizisten auf dem Boden sitzend liest. Er ist, mit starkem Weitwinkel von oben gesehen, zwischen den flüchtenden Bäuchen und Beinen zu einem wissenschaftlichen Frosch geworden, der seinen Häschern jederzeit in den nächsten Teich entwischen kann. Vor kurzem hat der Mann sich bei Michael Ruetz gemeldet und gehofft, an Ruhm und Reichtum dieses Bildes partizipieren zu können – ein Charakter denkt nicht. Spätere Bilder der 'deutschen Charaktere', unter ihnen Portraits von Helmut Kohl und Blicke auf Überlebende des Holocaust, verweisen auf satirische Vorbilder dieses Titels in literarischen Sammlungen des 18. Jahrhunderts.

Der Hinweis auf den Durchschuß der 'deutschen Charaktere' zum Gewebe eines Zeitalters legt weitere Zusammenhänge nahe, die der Hervorrufung eines kollektiven Gedächtnisses nützlich sind. Michael Ruetz hat sich bei der Auswahl und Anordnung der Bilder dieses Buches von verschiedenen Möglichkeiten der Montage leiten laßen, die selbst als narrative Kunstgriffe gelesen werden können. William Hogarth mag der Erste gewesen sein, der die Abfolge und Präsentation von Bildern für moralische Geschichten zu brauchen verstand.[23] Auch ihm ist Michael Ruetz in vielerlei Hinsicht verpflichtet, zumal beide einen ähnlichen Begriff vom Raum haben, in dem sich ihr Geschehen abspielt: städtisch, öffentlich, privat, innen. Wichtiger ist hier jedoch eine Differenz, die die Bildanordnung im ganzen Buch und ihr Verhältnis zu den abgebildeten Ereignissen ebenso angeht wie etwa die Graphikzyklen von Hogarth. Es ist der Unterschied zwischen der Zeit des Erzählens und der Zeit des Erzählten, zwischen *plot time* und *story time*. Sie spielt in allen Bildmontagen eine Rolle und ist darin prinzipiell anders als in der filmischen Montage, mit der sie gern verglichen wird.

Beim Schreiben und Sprechen über Photographie hat der Begriff der Montage nicht unbedingt einen guten Klang: Er ist durch die *Photomontage* selbst mit dem Odium des Unwahren, Verfälschten, Gekünstelten verknüpft. Darum kann es in diesem Buch und im Werk von Michael Ruetz insgesamt nicht gehen. Als Photographien sind alle seine Bilder authentische Zeugnisse der Realität, die sich vor seiner Kamera befand, als er den Auslöser betätigte. Zu Zeiten, da kein Photo in einer Illustrierten mehr ohne elektronische Retouche abgedruckt wird, muß auf diesen Umstand extra hingewiesen werden. Michael Ruetz hat dem Problem am Ende dieses Buches ein kleines Kapitel gewidmet, in dem er die Veränderungen dessen, was ihm einmal vor die Kamera gekommen war, durch neuere Bilder des Raumes dieser Realien protokolliert. Auch dieses Verfahren ist literarisch eine Montage, allerdings auf einer anderen Ebene. Wenn also im Folgenden von Montagen die Rede ist, dann sind keinesfalls collagierte oder durch Belichtungen übereinandergelegte Bildteile gemeint – die gibt es bei Michael Ruetz nicht. Vom Denken her haben diese Montageformen, die ihre höchste Qualität in den Arbeiten von John Heartfield, Klaus Staeck / Gerhard Steidl und Gunter Rambow gefunden haben,[24] jedoch einiges mit dem Zeitalter um 1968 und vor allem mit Ruetz gemein. Montage bezeichnet hier das Zusammenfügen von Teilen in einem Bild, in einer Serie oder einem Buch, die eigentlich als disparat angesehen werden; diese Teile werden zusammengefügt, um durch Überraschungen Erkenntnis anzuregen, die sonst nicht zu bekommen ist.

Michael Ruetz montiert ausschliesslich literarische Ebenen, Zitate und Details. Er beginnt damit bereits in einem Bild – oft am Rand, jenseits des Kernraums seines Geschehens. Auf vielen Photographien dieses Buches finden sich Bilder in Bildern. Für einen deutschen Photographen ist dies so ungewöhnlich, wie es bei amerikanischen Photographen häufig zu finden ist. Hinten im Album kann man den jungen Michael Ruetz beim Hängen seiner ersten Ausstellung finden – einmal mehr ein Sinnbild der zeitlichen Differenz und der Änderungen im Erinnern. Zwei andere Photographen sind ebenfalls mit Bildern zu sehen: Richard Peter senior mit einem eigenen und Arno Fischer bei der Kritik von anderen. Diese Aufnahmen sind im Kapitel zu *Szene und Milieu* abgedruckt, das insgesamt stark vom Bild im Bild lebt. Die gängigen Plakate der Zeit in den Studentenbuden, die schrecklich bemühten Holzschnitte und Monotypien der Szenekneipenwände, die meist allzu groß angekündigten Kulturereignisse auf den Litfaßsäulen – sie alle kommentieren den Raum der Geschehnisse auf ihre Weise und geben ihm wörtlich einen Hintersinn.

Eine andere Montage kann als Sonderform des Bildes im Bild angesehen werden und verweist gleichzeitig auf die wichtige Beziehung zwischen Bild und Text. Auf vielen Aufnahmen von Michael Ruetz sind Transparente, Plakate und Schrifttafeln zu sehen. Zunächst fällt hier eine Leerstelle auf: Es gibt nur wenige Photokopien darunter. Die meisten Flugblätter sind noch ordentlich gedruckt oder mindestens über Matritze und Handabzugsapparat gelaufen; sie wurden auch kaum an die Wand gehängt. Selten findet sich in der Kommune 1 oder im Kinderladen ein amerikanisches (Photokopie-)Plakat; häufiger sind dagegen Zeitungsausrisse. Die Anarchie der raubgedruckten Bücher und die Flut der photokopierten Kleinplakatverlautbarungen samt langer Marxismus-Leninismus-Interpretationen schwappte erst anfangs der siebziger Jahre aus den USA auf Berlin und Westdeutschland über – klassischer Beleg für die These vom Besitz der Produktionsmittel, denn bis um 1975 waren Photokopien hierzulande noch viel zu teuer, um revolutionär oder anarchistisch zu wirken.[25] Für Michael Ruetz war zu diesem Zeitpunkt ohnehin die Revolte vorbei, sie war ihm zu ideologisch geworden – andere haben das erst nach dem deutschen Herbst von 1977 gemerkt.

Eine Variante des Bildes im Bild in diesem Buch ist die Einbeziehung von Skulpturen und Objekten in Ereignisse, Situationen und Räume. Als *Ready-made* hatte das Verfahren schon lange für Furore in der Kunstgeschichte gesorgt, und immer wieder haben die Nachgeborenen auf den politischen Charakter des Plazierens und Deplazierens älterer Kunstwerke und Objekte in neue Zusammenhänge hingewiesen. Sein Erfinder Marcel Duchamp meinte unter den Zeitläuften der sechziger Jahre sich noch einmal selbst interpretieren zu müßen und ließ sich die Bewunderung der jüngeren Künstler gern gefallen, was manche Impulse dieses Zeitalters mit der früheren Avantgarde verband.[26] Zwei Beispiele der Zeit- und Raum-Montage hat Michael Ruetz im Innenhof der Berliner Hochschule der Künste aufgenommen, wo die gipserne Kopie der Nike von Samothrake über den Besetzern schwebt. Die Blickrichtungen wechseln den Impetus: von unten gesehen aufschwebend, von oben als Sturzflug. Die Wiener Architektur-Aktionisten Haus-Rucker-Co haben die Nike etwas später in gleicher Weise montiert, mußten sie aber noch mit allerlei graphischem Zauber und tiefsinnigen Texten garnieren – ideologisch eben.

Die Beziehung von Photographie und Text ist oft, die von Photographie und Schrift fast nie untersucht worden.[27] In den Bildern dieses Buches wird sie bedeutend, scheint viele Erinnerungen zu bestimmen. Schon die Mühe, manche Texte zu entziffern, führt in die Problematik des Bildes und seines Geschehens ein, gewinnt als Arbeit aber auch narrativen Eigenwert und löst sich schnell wieder vom Abgebildeten. Ein einmal verstandener Spruch wird unabhängig von seinem Ursprungszusammenhang in neue Kontexte überführt – eine Praxis, der selbst die APO nicht abhold war. Und so läßt sich auf verschiedenen Aufnahmen in diesem Buch verfolgen, wie die APO einen Werbespruch übernimmt, während anschließend ein Waschmittel sich der Demonstrationspraxis dieses Zeitalters bedient. Michael Ruetz montiert mindestens doppelt, indem er die Texte innerhalb des einzelnen Bildes wirken läßt und indem er zwei im Buch durchaus weit auseinander liegende Bilder aufeinander bezieht.

Der Unterschied dieser beiden Bilder liegt in der Aneignung des Gegebenen: Während die APO ironisch zitiert, will die Werbung überreden. Im Zitat der APO wird an der originalen Schrift nichts geändert, während sich die Werbetafeln der Waschmittel-Demonstrantinnen als typographisch perfekt durchformte Texte zu erkennen geben, die sich – das Buch zeigt es an verschiedenen Stellen – wenn überhaupt, dann als Produkte rechter Demos präsentieren müßten. Eine Besichtigung in der Besichtigung für typographisch Interessierte bietet der Bilderreigen ohnehin. Die Sozialistische Internationale mit einer avantgardistisch reinen und historisch objektiv exakten Akzidenzgrotesk in quadratischem Schnitt; die Rechten und die Alten mit den Werbehandschriften der Vor- und Nachkriegsschulen; die spontanen Papptafeln mit krakeliger Schreibe, aber durch schmalhohe Anlage voll genutzter Fläche; die Berliner Werbeträger noch in gestauchter NS-Fraktur oder schwerer US-Egyptienne. Transparente waren richtige Arbeit: Marker mußten importiert werden und kosteten viel Geld; die dicken Handschriften wurde säuberlich als Outline angelegt und mit Tusche oder Plaka ausgefüllt. Jeder glaubte sich mit seiner Schrift in Recht und Überzeugung – und montierte doch nur seine Konventionen.

Bild und Bildunterschrift formen meistens eine Nachricht; das ist ein journalistischer Gemeinplatz und doch oft kompliziert zu analysieren. Michael Ruetz war lange genug Journalist, um diesen Zusammenhang nicht in historischem Abstand brechen zu können, mit milder bis beißender Ironie. Bild und Text sind immer eine Montage, vor allem eine solche, die nur einen Moment hält und im nächsten wegkippt. Die Beschreibung eines Orts, eines Ereignisses, der Beteiligten und nötiger Hintergründe nimmt einen großen Raum im kollektiven Gedächtnis ein, das wie alle Gedächtnisse topologisch angelegt ist. Die örtliche und ereignishafte Beschreibung samt Nennung wichtiger Akteure bildet den Humus von Gemeinsamkeiten, auf denen überhaupt erinnert werden kann. So kommt es, daß viele Seiten dieses Buches zwei ineinander verschachtelte Ebenen von Text mitbringen: eine deskriptive und eine distanzierende. Was da war, muß ins Koordinatensystem von Zeit und Raum gebracht werden. Was gemeint, gedacht, verstanden und unverstanden war, braucht heute eine kritische oder literarische Brechung, das homerische Gelächter. *Wenn's denn eben geht,* um mit der *Neuen Frankfurter Schule* zu sprechen.

Die Montagen von Seite zu Seite sind Michael Ruetz dennoch wichtiger, sie sind die Promenade, von der aus ein Zeitalter besichtigt wird. Modest Mussorgskis Kopfmotiv gleich, stellt die Abfolge wie die – fast, aber doch nicht ganz unsichtbare – Anordnung der Aufnahmen auf Doppelseiten und die Zusammenfaßung dieser Doppelseiten zu größeren Kapiteln unter eigenen Überschriften quasi die Orchesterfaßung der Partitur dar, als die sich das einzelne Bild für den Prozeß des Erinnerns schon erweist. Hier durchdringen sich zwei Gedächtnisebenen, die des Photographen bei der Zusammenstellung des Buches und die der Betrachter beim Blättern und Lesen. Wieder sind es zwei, eigentlich vier Zeiten, die einander überlagern: Nicht nur *story time* und *plot time*, sondern auch *tale time* und *reading time* sind von Bedeutung. Und was Müttern wie Vätern beim allabendlichen Vorlesen recht sein sollte, müßte deren erinnertem Jugendglück billig sein – schön langsam die Höhepunkte zelebrieren und auskosten, damit das beruhigende Gefühl der Teilhabe sich auch wirklich einstellt. Musikalisch steht Ruetz' Interpretationsvorlage den *Bildern einer Ausstellung* in der Faßung von Emerson, Lake & Palmer näher als der Ravel'schen Orchestrierung – mit dem einsamen Komponisten am Piano hatten die Berliner Ereignisse gar nichts gemein.

Den erzählerischen Duktus seiner photographischen Prosa demonstriert Michael Ruetz an einer kleinen Reihe von Bildergeschichten, die wie jedes andere Kapitel des Buches als pars pro toto gelesen werden kann und sollte. *Kleine Geschichten* heißt dabei nicht, daß das Gezeigte niedlich oder unbedeutend sei, sondern daß es das Zeitalter in einer kurzen Folge, einem Sonett oder einer Sonate ähnlich, fokussiert. Albern begonnen, ironisch distanziert endend, werden die Geschehnisse um 1968 in studentischen Räumen nah gefaßt. Teufel und Langhans tanzen auf Tischen wie die Sensenmänner in den Totentänzen des 17. Jahrhunderts. Und die *Bräute der Revolte* sitzen gelangweilt daneben, rauchen und ordnen die sorgsam unsortierte Garderobe. Ist das Innenleben doch eher harmlos, so äussern sich die Zeitläufte außen umso herber. Eine Reportage, die, von *Life* in Auftrag gegeben, dort nie erschien, registriert mit kaltem und entferntem Blick eine Beerdigung in Ostberlin, bei der westliche Verwandte nur noch zuschauen konnten, und dies über spanische Reiter, Stacheldraht und die geschleiften Fassaden der Bernauer Straße hinweg. Berlin hatte in den sechziger Jahren viel Ähnlichkeit mit Londonderry und Belfast.

Keinen Grund zur Schadenfreude hatten westdeutsche Politiker angesichts solcher Situationen, denn ihre historische Verstocktheit hat einen guten Teil zu den tiefen Gräben zwischen den deutschen Staaten beigetragen. Die Ohrfeige, die Beate Klarsfeld dem damaligen Bundeskanzler Kurt Georg Kiesinger gab, saß in vielerlei Hinsicht. Und würde sie von Michael Ruetz hier nicht wieder ans Tageslicht geholt, so wäre der Mut der jüdischen Aktivistin ebenfalls schon beinahe wieder vergessen. Auf dem CDU-Parteitag waren viele Journalisten – nur einer, eben Ruetz, hat diese Ohrfeige wenigstens noch so weit mitgekriegt, daß die Hand Kiesingers hinter dem gescholtenen Ohr zu sehen ist. Die Szenen davor leiten sinnlich ein: Ein normaler Parteitag war dies, mit den üblichen Ritualen des gegenseitigen Belobens, mit den typischen Sonntagsreden, die damals in Berlin gehalten wurden. Nach der Ohrfeige: So schnell wie möglich weitermachen, für den Rest hat man schließlich die Polizei und die Justiz. Da gingen dann nur noch wenige Bildjournalisten mit zur Wache; Michael Ruetz dürfte fast der Einzige gewesen sein, aus dessen Bildern Verständnis für diese mutige Frau spricht. Er trifft damit gleich mehrere wunde Punkte der *68er*, die im Erinnern schmerzen müßten. Beate Klarsfeld war keine von den berühmten Aktivisten. An Auschwitz dachte außer beim gedankenlosen Zitieren Adornos überhaupt niemand – das hat Michael Ruetz für sich noch im selben Jahr nachgeholt, nur fallen die Bilder völlig aus dem Zeitalter.[28] Und Frauen waren, wie gesagt, *Bräute*. Deren Bewegung hat das darauffolgende Jahrzehnt gestaltet.

Unter den *kleinen Geschichten* gibt es noch kleinere wie die mit dem vom Grabstein hüpfenden Galeristen Rudolf Springer und dem aufsteigenden Flugzeug im Hintergrund. Und es gibt rührende wie die vom Werden und Sterben des 'Extrablatt', die den *Journalisten* als Zeitungsmachern gewidmet ist. Hier sind Drucker und Autoren sich noch nah, lesen gegenseitig Korrektur, heben die Einzelnummer aus dem Fortdruck und teilen die Bierflasche. Es ist der Traum im Traum des revolutionären Jahrzehnts, der hier besichtigt wird. Eine selbstverwaltete Zeitung für die Massen, ein Gegenstück zu *Bild*, die ja selbst ihren Verleger leiden ließ wie einen Hund, wenn man diesem glauben durfte – wie an anderer Stelle des Buches zu sehen. Mit den zwei folgenden Kampfserien im Buch wird jede Illusion sofort zerstört: Eine der typischen, täglichen, in ihrer aufgepeitschten Brutalität bis heute kontinuierlichen Festnahmen durch die Staatsgewalt und jene »Schlacht am Tegeler Weg« – hier *Die Schlacht an der Spree* –, die in ihrer beiderseitigen Inszenierung an ein Spektakel aus den Zeiten der Rockmusik-Festivals gemahnt. Auch hier kippen Wirklichkeit und Wahrscheinlichkeit ineinander. Das Ballett der Studenten im schönen Strahl der altmodischen Wasserwerfer hat so gar nichts mehr mit dem protestantischen Ernst der Parolen aus Dutschkes Tagen zu tun. Dieser Bildgeschichte merkt man an, daß damit für den Photographen *1968* endgültig vorbei war.

Der Rest ist Theater, am besten ein Stück von Bert Brecht – und auch der ging gern zum Photographen, sich in Lederkluft verewigen zu lassen.[29] *Die heilige Johanna vom Tempelhof* verkörpert wie kaum eine andere die Problematik der Verinnerlichung einer Ethik ohne Moral; dies in einer Bildgeschichte darzustellen kann nur über eine Parabel gelingen. Die braucht ein Verbindungsglied zur Alltagswirklichkeit derer, denen sie erzählt wird. Das ist hier der Tesafilm, mit dem die Plakate mehr schlecht als recht zusammengeklebt werden, um nur – man ahnt es schon im Hauptbild – für die sechzigstel Sekunde der Belichtung zu halten. Es ist dieselbe Hektik, die Aktionen von Politikern im Umgang mit dem Volk auszeichnet: schnell schnell fürs Bild und ab damit in die Presse. Michael Ruetz distanziert sich im zweiten Blick der Auswahl für dieses Buch nicht nur durch die Person Gudrun Ensslins von der Aktion, sondern durch die Bildmontage von der simplifizierenden Interpretationsvorlage, die sein Einzelbild zuvor im Kontext von Magazinen, Illustrierten und Zeitungen bot.

Die Beschreibung erzählerischer Momente und Methoden in den *Kleinen Geschichten* verdeutlicht einiges an den Arbeitsweisen von Michael Ruetz, ist aber kein ausreichendes Modell zur Erklärung, warum sein Buch den anspruchsvollen Titel der *Besichtigung eines Zeitalters* selbst unter der Massgabe einer ironischen Distanz tragen und aushalten kann. Erstens sind die kleinen Geschichten nicht so ganz klein, sondern in ihrer Dramatik und Symbolik oft ganz groß, und zweitens sind sie von Einzel- wie Doppelbildern gerahmt, die auf ein grundlegendes Motiv der Photographie verweisen, das wiederum eng mit dem Erinnern zusammenhängt. Roland Barthes hat den plötzlichen, oft unscheinbaren und für jeden Betrachter anderen Auslöser einer Erinnerung im Betrachten irgendeiner Photographie mit dem Begriff des *punctum* belegt, und dies ausdrücklich als Gegensatz zum *studium* des geduldigen und genauen Hinschauens.[30] Er schrieb dies am Ende eines Wissenschaftlerlebens, das mehr mit dem Betrachten von Photographien befaßt war als andere, und er schrieb dies in tiefer Resignation über das von ihm wie anderen erkannte Unvermögen der meisten Photographen, bewußt mehr als konventionelle Symbolketten erzeugen zu können.[31] Was Barthes fehlte, war das Vertrauen, das jeder gute Bildjournalist vor Beginn der Arbeit haben muß: Es werden schon Bilder dabei sein, die das Ereignis, die Personen und den Raum fassen können, und unter diesen wird sich hoffentlich das eine finden, das sich ins kollektive Gedächtnis einschreiben wird.

Michael Ruetz kannte Gemälde, Graphiken und Photographien, bevor er eine Kamera in die Hand nahm – und bevor er Photographen kannte. Etwas davon ist ihm geblieben, obwohl dies dem Ego nicht immer frommt: Ihn interessieren Bilder mehr als die Leute, die sie machen. Bildersammlungen anonymer Herkunft begeistern ihn, und über die neue Entdeckung fast vergessener Photographen kann er staunen. Insofern ist er auch der erste Leser seines eigenen Buches, denn die Fremdheit gegenüber den eigenen Produkten wächst mit der zeitlichen Distanz. Die Tatsache, daß er es schließlich gewesen ist, der die Geschehnisse aufnahm, ist für ihn heute – angesichts einer inzwischen sehr konzeptuellen, bis in kleinste Details vorausgeplanten, künstlerischen Bildproduktion – mehr von anekdotischen denn von konsequent stilprägenden Eindrücken bestimmt. Eine weitere Interpretation des Bildes, auf dem Ruetz mit der Kamera im Hörsaal zu sehen ist, besteht im Nachvollziehen der Verwunderung des Photographen, selbst einmal so ausgesehen, so dagestanden und so photographiert zu haben. Das geht nicht nur denen so, die Michael Ruetz erst später kennengelernt haben, sondern sogar ihm selbst. Der Prozeß des

Erinnerns, der vom Einzelnen ins Kollektive übergeht, schließt auch die Produzenten dessen ein, was erinnert wird.

Zwei literarische Mittel hat Michael Ruetz in diesem Buch eingesetzt, um seine eigene Distanzierung von 1968 zu verdeutlichen. Zum einen hat er es Barbara Klemm gewidmet, der *bescheidenen Olympierin*, wie er schreibt. Sie hat etwa zur gleichen Zeit angefangen wie er, als Bildjournalistin zu arbeiten, und sie ist dabei geblieben. Wie Henri Cartier-Bresson kann sie sich nahezu unsichtbar machen, bleibt sie in jeder Situation, die sie durch ihre Anwesenheit adelt, zurückhaltend freundlich und bescheiden. Aber wo immer ihre Bilder mit anderen gemeinsam publiziert werden, ist sie es, die die Messlatten hoch legt, und kaum einer kommt mehr über sie hinaus.[32] Michael Ruetz' Verbeugung vor ihr ist weit von jener Koketterie entfernt, die in den siebziger Jahren jede Seminararbeit der derzeitigen Freundin oder der Schreibmaschine widmen ließ, sondern weist mit Nachdruck und kollegialer Emphase auf jemand hin, der noch immer so arbeitet – und sich noch immer die Unmittelbarkeit der teilnehmenden Beobachtung, gar des Mitleids erhält, und das ohne jeden Betroffenheitskitsch.

Das andere literarische Mittel liegt im Buch selbst. Es sind die Einteilungen in Kapitel samt deren Überschriften. Ihr ironischer Duktus ist überdeutlich und ihr Aufbau selbst ein wissenschaftlicher Topos: Heinrich Wölfflins *kunstgeschichtliche Grundbegriffe* stammen von einem Philosophen, der sich eine Kunstgeschichte ohne Künstler erträumte, wohl wissend, daß es dazu nicht kommen konnte.[33] Gegenüberstellungen als Grundlage für Kritik, diese als Basis jeder Erkenntnis; das Besteck ist Michael Ruetz allzu bekannt, um ihm nicht abgewetzt zu erscheinen. Er dreht die Blickrichtung: Schau zurück, weder im Zorn noch in Verklärung, und dann sieh her! Hier werfen die *Idole* die *Ikonen* um – nicht umgekehrt –, und hier verschwinden die *Großen Gesten* in den *Kleinen Geschichten*. Nicht nur numerisch steht das Kapitel *Die Einen und die Anderen* – Übersetzung des britischen *Them'n'Us* – im Zentrum des Buches; die anderen Überschriften sind klassische Wurfgeschosse des politischen Alltags.

Diese Distanzierungen dürfen jedoch nicht als Leugnung der Täterschaft mißverstanden werden, ganz im Gegenteil. Sie bezeichnen eine andere Lust im Umgang mit der eigenen Vergangenheit und entwickeln Modelle für die Betrachter zu deren Vergnügen. Zunächst ermöglichen sie Michael Ruetz, mit seinem Altern umzugehen. Indem er dieses als Buch vor aller Augen beispielhaft inszeniert, kann er allen, die dabei waren oder davon gehört haben, einen ähnlichen Erfahrungshorizont verschaffen. Er ist, als Autor der Bilder authentisch, Urheber all der Mythen, die nicht mehr in seiner Verantwortung liegen. Damit stellt er sie den Erzählungen in der attischen Stoa gleich. Wie Richard Sennett nachgewiesen hat, gibt es eine solche Folge von Geschichten und Geschichte nur in städtischen Kontexten, und da sind, wie schon an der 'Bild'-Zeitung ersichtlich, Berlin und Athen nicht so weit auseinander.[34]

Als Leser und Betrachter machen wir uns jetzt die Bilder ohne ihn, auf der Leiche seines Für-uns-Dabeigewesenseins und seines Erinnerungsschatzes, aus dem er die Versatzstücke eines historischen Mosaiks zusammensucht, wieder für uns und für sich selbst. Denn er hat sich in andere Richtungen hin weiterentwickelt, wir wahrscheinlich auch. Ende der Solidarisierung, es war eine schöne Idee.

Das Mosaik eines kollektiven Gedächtnisses besteht aus Bildteilen, aus Räumen, Resten sinnlicher Erfahrung und Ruinen des Überkommenen. Seine Archäologie basiert nicht auf kompositorischen Qualitäten einzelner Bilder, sondern auf konventionellen Elementen gemeinsamer Grammatiken. Michael Ruetz bietet heute eine andere Facette möglicher Blickrichtungen als gestern oder morgen, darauf weist die *Besichtigung* im Untertitel hin. Die Bilder bleiben ähnlich, sie können etwas mehr oder weniger beschnitten werden, was den Raum des Geschehens verändert, aber die Ereignisse und vor allem die Menschen bleiben gleich. Und je größer der historische Abstand wird, desto stärker fallen Eigentümlichkeiten auf, die sich in kurzer Zeit endgültig als Konventionen etablieren. Dazu gehören Kleidungen – in der Mode durch periodische Wiederentdeckungen ökonomisch thematisiert – und Fahrzeuge, vor allem aber auch Gebärden und Gesten, eben das, was unter dem Begriff *Körpersprache* subsumiert wird. Neben der bildhaften Verdinglichung ist sie die wichtigste Aufgabe der Photographie im Bilden kollektiver Gedächtnisse.

Die Körpersprache als Mischung aus Haltung, Gestik, Mimik in Kombination mit Frisur, Hautfarbe oder Schminke und Accessoires ist in den letzten hundert Jahren zum sichersten Datierungsmittel von Bildern und Filmen geworden. Und: Alle Bildbetrachter sind Experten darin, mit ungeahnter Sicherheit Zuordnungen vorzunehmen, die sie sich sonst nie getrauten – ob zur Kunstszene, zur APO, zu den politischen Einstellungen der Gezeigten oder zu den jeweils aktuellen Sportarten und Ferienzielen. Die Ahnung, wie wer einzusortieren sei, wird von Bilddetails genährt, deren Vereinzelung und Benennung so schwierig ist wie die Aufklärung eines Verbrechens im deutschen 'Tatort'-Krimi, der mit den gleichen Mitteln operiert. Mögen 25 Jahre nach 1968 Schlaghosen und bauchnabelfreie Rippenpullis wieder zur Mode gehören, so hat sich inzwischen doch die skulpturale Ponderation der Photomodelle geändert, jene Drehung in der Wirbelsäule, die für die Lage des Schwerpunkts und damit für einen körperlichen Ausdruck der Weltoffen- oder -abgeschiedenheit verantwortlich ist. Darüber nachdenken ist schon zuviel; es wird einfach erkannt, daß dieses Bild um 1968 und jenes um 1994 gemacht worden ist.

Damit das funktioniert und im Sinne Ekkehard'scher Mystik *wirklich* wird, müssen einige Rahmenbedingungen stimmen, so auch in Michael Ruetz' Bildern und Geschichten. Einmal bedarf es des Ortes: Berlin war um 1968 eingeschlossen, ein Labor des Lebensgefühls und der neuen Formen, die zu erproben waren. Das Drinnen und Draußen quer durch APO, Ostberlin und westdeutsche Gesellschaft erfährt in vielen Aufnahmen seine adäquate Symbolik durch die Einbeziehung von Fenstern. Der junge Arbeiter im Ornat des Rektors, die Polizisten mit vorläufig Festgehaltenen und Obdachlosen im Asyl, sie alle stehen im oder wenigstens am Fenster. Türen sind nicht so häufig im Bild und oft genug verschlossen, schließlich standen sich die verschiedenen Gruppierungen und Parteien meist unversöhnlich gegenüber. Türen und Fenster stehen aber auch für einen städtischen Kontext, und der ist für dieses Zeitalter unbedingt notwendig. Die APO auf dem Lande gab es zwar, aber – wie in der Kunstgeschichte als Spezifikum des Deutschen gelernt – mit zeitlichem *Provinzzuschlag* von einigen Jahren.[35]

Stadt in der Stadt, Laboratorium im Laboratorium waren und sind Schulen und Hochschulen, in Berlin wie anderswo. Die Besichtigung eines Zeitalters changiert zwischen außen und innen genau da, wo der geschützte Raum des Gymnasiums wie der Universität ausfranst, brüchig wird oder einfach aufhört. Die scherzenden Professoren unterscheiden sich in ihrer Realitätsferne nicht von den bombastisch auftretenden Politikern. Beide Gruppen sind einander osmotisch verbunden: Jede versucht in die andere hineinzudiffundieren, ohne die eigenen Privilegien aufzugeben. Es macht einen guten Teil der Erinnerung an 1968 aus, daß damals alle Trennlinien noch säuberlich und vor allem durch Insignien wie Kleidung und Körpersprachen deutlich sichtbar gezogen waren. Michael Ruetz hat im Nachhinein drei solcher Linien ausgemacht. Eine geht zwischen den Schülern oder Studenten der APO und den Politikern wie Professoren durch. Eine zweite Trennlinie mit tiefem Graben kann zwischen der APO und der Berliner Straßenbevölkerung gezogen werden, was erstere insofern schmerzte, da sich die Arbeiterklasse, für die man zu kämpfen glaubte, als renitenter erwies als die Großbürger. Die dritte Linie war in Berlin und Westdeutschland mit dem Begriff *Demarkation* belegt und sorgte für eine ständige Präsenz von Geschichte und Politik, mehr als an jedem anderen Ort in Europa damals. Sichtbar werden solche Linien erst in der Rückschau, auch das ist die Aufgabe dieses Buchs.

Gräben und Grenzen waren damals allen bewußt, aber nicht unbedingt Antrieb des Handelns. Grenzüberschreitungen in Kunst – Definition von Happening oder Performance – und Politik – Definition der APO – galten erst im Rückblick als Kennzeichen eines Jahrzehnts, damals passierten sie eben. Sortiert man die Bilder dieses Buches chronologisch, so deuten die nach 1968 entstandenen Aufnahmen auf erfolgreiche Grenzüberschreitungen hin. Die jüngsten Photographien aus dem Jahr 1974 zeigen den Theaterregisseur Peter Stein und Mitglieder seiner Schauspielertruppe. Sie schufen in Berlin außerordentliche Inszenierungen, die fern vom Alltag wie von der bundesdeutschen Theatersituation den Platz für die Kunst definieren halfen. Andernorts rückte die lokale Kunstszene mehr ins Blickfeld, wenn auch noch nicht so profiliert wie in den achtziger Jahren. Wo in den Bildern aus den Jahren nach 1968 Alltag geschildert wird, insbesondere aus Ostberlin und der DDR, schieben sich die kleinen Freuden nach vorn. Dort werden inzwischen die persönlichen Begegnungen und privaten Bedürfnisse nach außen gekehrt, finden in öffentlichen Räumen und am Rande der Stadt statt. Im Westen nimmt nun die Kneipe als intimer Raum Gestalt an, gelegentlich in der Form selbstverwalteter Studenten-, AStA-, Kinder- oder Jugendzentren. Doch der Schein trügt, noch ist es in *Szene und Milieu* zu Beginn der siebziger Jahre nicht postmoderner, besser, hedonistischer und selbstverwirklichender geworden. Insgesamt zeigt das Buch weniger Bilder aus den Jahren nach 1968 als aus denen davor.

Die von Michael Ruetz beobachteten Trennlinien sind vor allem in Bildern präsent, bei deren Aufnahme die Abgebildeten unter sich zu sein wähnten. Hier wurden die Formen am reinsten vorgeführt; hier stimmten die Insignien und Konventionen untereinander, weil die Zusammengehörigkeit ohnehin nur auf Zeit und Anlaß beschränkt blieb. Die Studenten waren noch adrett gekleidet und hatten doch schon unaufgeräumte Buden; die Kommune begann als theaterhaft inszenierte Bohème und manifestierte sich deutlichst im Kindergarten. Umgekehrt musste die Prominenz der Stadt sich immer noch ein wenig provinzieller geben als diejenige in Hamburg, Köln oder München – in diesem Punkt waren sich sogar westliche und östliche Berliner Prominenz einig. Die Kunst mit ihren raumzeitlichen Ausweitungen, im Buch und seiner Rückschau als metaphorische Folie präsent, fand in Berlin selbst nicht statt. Nicht umsonst hüpft der Galerist Rudolf Springer über einen Friedhof, der an anderer Stelle fein säuberlich aufgeräumt wird. Und als die Nationalgalerie der Deutschen eröffnet wurde, war das Tänzchen in Ehren samt Bratwurst wichtiger als die filigrane Architektur des Baues, der ohnehin für einen anderen Ort geplant worden war.

Michael Ruetz' Raumform kommt hier wieder zum Tragen, denn sie läßt Platz für jene Details am Rande, aus denen das Brüchige aller Konventionen ersichtbar wird. Dennoch ist es gerade die Konventionalität, aus der sich kollektives Gedächtnis speist. Denn sie garantiert allein die Erinnerung, und die ist bei aller kritischen Distanz prinzipiell positiv. Die Dialogeröffnung des Weißt Du noch? führt genau in den Gebrauch der Bilder ein, auf den ein Photograph höchstens zu hoffen wagen darf, den aber keiner vorhersehen kann – und der, ein überdurchschnittliches Qualitätsniveau des Technisch-Handwerklichen vorausgesetzt, von keiner künstlerischen Attitüde abhängig ist. Da ist die Photographie eine andere Gattung als die Graphik oder Bildhauerei, und das darf bei Besichtigungen wie der in diesem Buch nicht vergessen werden. Die Produktion eines kollektiven Gedächtnisses läßt sich nur bewerkstelligen, wenn die Bilder offen bleiben, nie eindeutig und endgültig bestimmbar sind. Das Zeitalter, durch das beispielhaft geführt wird, soll schließlich vor dem Verblassen gerettet werden; wie es in früheren Schulbüchern hieß, zukünftigen Generationen zum Gedenken.

Ein letztes Mal ist in diesem Buch das Verblassen ein Vergrauen; farblos endeten die sechziger Jahre. Zunächst war es aus Kosten- und Rationalitätsgründen selbstverständlich, daß Michael Ruetz schwarzweiß photographierte und seine Bilder selbst vergrösserte. Außerdem druckten sogar die besten Magazine Bilder des politischen Geschehens prinzipiell graugrau und hoben sich die teure Lithographie in Farbe für Werbung, Design und schöne Frauen auf. Manche Ereignisse riefen dennoch nach der Farbe, wie ein Bild vom Treffen aller sozialistischen Generalsekretäre kurz vor dem Einmarsch nach Prag 1968. Das alle vereinende Rot war so falsch im Farbton wie seine Wiedergabe durch die östlichen Filmemulsionen; die aschfahlen Gesichter sind nur im Kontrast zur Intensität dieser Farbe erlebbar. Gelegentlich waren Portraits besser in Farbe anzufertigen, und noch seltener gab es einfach eine Lust am bunten Motiv. Doch der generelle Ton ist dunkelgrau, gerade in Berlin unter dem schweren Wolkenhimmel, der Alltag und Ausnahme gleichermaßen bedeckte.

Das schwarzweiße Erinnern hat zudem eine Bedeutungsebene, die nicht unterschätzt werden darf: Es vereinfacht das Memorieren, zumindest für die Angehörigen jener Generationen, die auf den Bildern abgebildet sind. Deren Erinnerungen sind im wesentlichen schwarzweiß; der Siegeszug aller Farbfilme in die Wohnungen und Feriengebiete begann in diesem Jahrzehnt, parallel zum farbigen Fernsehen, und beeinflußte grundlegend nur die, die damals frisch geboren waren. Die haben dafür ein völlig anderes Farbsehen als die Älteren, was in der Photographie zu mancherlei Irritationen geführt hat, dieses Werk aber in keiner Weise beeinflußt.[36] Oder doch? Der Vorwurf einer Nostalgie um 1968 baut oft genug und zumeist unbewußt auf jener Abstraktion des Schwarzweißen auf, die für die Photographie früherer Jahrzehnte das gelblich-bräunliche als monochromen Farbton ausgemacht hatte. Für Michael Ruetz war diese Frage schnell abgeschlossen und in sich selbst Geschichte: Seit den siebziger Jahren photographiert er vornehmlich farbig. Nicht einmal als elitäre Geschmackskategorie muß er das Schwarzweiße reimportieren, was die Verhältnisse von 1968 tatsächlich umkehrte.

Doch auch Bücher sind zeitabhängige Produktionen, und die elektronische Lithographie samt Drucktechnik haben für die schwarzweiße Photographie enorme Veränderungen mitgebracht, denen sich selbst seriöse Laboranten nicht entziehen können. Viele Bilder sind in den Grauwerten stärker abgestuft als früher; ein sattes Schwarz im Druck heißt nicht mehr, daß das Weiß fehlt; die Bilder sind dramatischer geworden. Auch das verändert nun das kollektive Gedächtnis; die Abstraktion des Schwarzweißen hat an Dynamik und damit an Pathos gewonnen. Sie nähert sich damit im Rückblick jener Farbigkeit an, die den Alltag tatsächlich beherrschte: die Anilinfarben der Rockmusik mit ihren Hippie- und Drogenkulturen. An ihr war ebenfalls nichts natürlich, sondern alles psychedelisch – und ihre Künstlichkeit floß in die Kunst ein. Doch das fand in San Francisco, London und für Deutschland höchstens in Düsseldorf statt; die großen Rockstars wie Lou Reed und David Bowie produzierten erst während der achtziger Jahre in Berlin – und immer tiefschwarze Alben.

Das Grau der Ruetz'schen Photographien erwies sich schon früh als Projektionsfläche, in die alle Schattierungen, Dynamiken und auch Farbe hineingedacht werden konnten. Nicht anders soll es mit diesem Buch sein. Der Grundton aller Bilder ist positiv, sonst lohnte alles Erinnern nicht. Die Distanzierungen, die Michael Ruetz durch Arrangement und Montage in die Grand Tour seiner Besichtigung eingebracht hat, muß jeder Betrachter für sich selbst auflösen, denn er wird sich an Anderes erinnern. Kollektiv an dieser Form Gedächtnis ist eine vorsprachliche Ebene, von der aus neue Kommunikationen erkundet werden können. Sie in Gang zu setzen, war eine der großen Aufgaben des Jahrzehnts gewesen. Ohne Repressionen, ja herrschaftsfrei, im Glauben an die materiell objektive Basis der Geschichte, auf die der Überbau der Theorien zu stellen wäre – es ist einfach, darüber von heute aus zu scherzen, und es befreit von falschem Glauben. Was besichtigt wird, ist ein Zeitalter in einem Nucleus, geradezu einem Wasserglas. Das Gesehene steht, einer Jahrmarktsattraktion gleich, für das Neue und Ungewohnte an sich, selbst wenn es schon historisch ist. Was davon in neue Taten umsetzbar ist, liegt außerhalb der Abbildungen.

Damit wird Michael Ruetz im Photographieren einer Forderung gerecht, die Michel Foucault für die Literatur aufgestellt hat: Er wollte schreibend gesichtslos werden.[37] Alles Design strebt im Gebrauch nach Auflösung in der Anonymität; je besser es akzeptiert wird, desto eher ist sein Entwerfer vergessen. Beides bedeutet nicht, daß Autor oder Designer ihr Selbstbewußtsein als Schaffende verlieren, ganz im Gegenteil. Es sei noch einmal an den Vergleich mit der Partitur erinnert: Text und Bild bedürfen des Lesens, der eigenen Interpretation, des Besetzens mit Gedanken und Gefühlen, der Aneignung. Die Intention der Urheber verschwindet langsam aber sicher hinter dieser Arbeit der Leser und Betrachter. Das ist der Ursprung aller Glaubwürdigkeit von Medien, Kommunikationen, Literaturen und Mythen. Erst wenn die Quelle vergessen ist, hat der Überbringer einer Nachricht die Chance des Vertrauens. Das gilt für die Photographie in gleichem Maße wie für die Literatur, mehr als für alle anderen Gattungen bildender Kunst.

1968 ist inzwischen ein fernes Zeitalter. Seine Besichtigung ist strukturell kaum anders als die Führung durch einen antiken Tempelbezirk oder eine mittelalterliche Burg. Die geschichtlichen Voraussetzungen wie die sozialen Komponenten des Geschehens laßen sich historisch-kritisch beschreiben, trocken oder ausgestaltet, als Datenbank oder Roman. Es ist Fluch wie Chance jeder einzelnen Photographie, daß sie für die sprachliche Analyse und Bewertung völlig offen bleibt. Die Zusammenstellung von photographischen Bildern zu einem Album, wie sie Michael Ruetz hier anbietet, geht schon einen Schritt auf Begriff und Urteil zu, läßt aber immer noch genügend Raum für private, räumliche und zeitliche Besetzungen. Das Medium Buch bietet die Möglichkeit, eine Besichtigung nach eigenem Gutdünken zu verändern: Suchen nach verschiedenen Ausgangspunkten, Umdrehen der Reihenfolge, Verschieben der Zusammenhänge und Hinzufügen eigener Erinnerungen wie Geschichten, Aufdecken von vermeintlichen oder tatsächlichen Fehlern – alles ist möglich und sinnvoll. In diesem Sinn braucht dieses Buch genauso aktive Betrachter, wie es der Akteure und des Photographen bedurfte, ein Zeitalter zu konstatieren und im kollektiven Gedächtnis zu erhalten.

Bonn, September 1997

1 Hans Belting, Bild und Kult, Eine Geschichte des Bildes vor der Kunst, München 1990

2 Rudolf Arnheim, Die Fotografie – Sein und Aussage, in: Hugo Schöttle (Hg.), DuMont Foto 1, Köln 1978, S.11-13

3 Michael Ruetz, Sichtbare Zeit, in: ders., Sichtbare Zeit, Frankfurt Göttingen 1995/1997, S.207-237

4 Michael Ruetz, »Ihr müßt diesen Typen nur ins Gesicht sehen ...«, Frankfurt 1980

5 Walter Benjamin, Über einige Motive bei Baudelaire, in: ders., Baudelaire, Frankfurt 1974, S.101-150

6 Ausst.Kat. Um 1968, Konkrete Utopien in Kunst und Gesellschaft, Düsseldorf 1990

7 Ausst.Kat. Blumenstücke. Kunststücke vom 17. Jahrhundert bis zur Gegenwart, Bielefeld 1995
8 Carlo Ginzburg, Spurensicherung. Der Jäger entziffert die Fährte, Sherlock Holmes nimmt die Lupe, Freud liest Morelli – die Wissenschaft auf der Suche nach sich selbst, in: ders., Spurensicherungen. Über verborgene Geschichte, Kunst und soziales Gedächtnis, Berlin 1983, S.61-96
9 Ruetz, a.a.O. (Anm.3), S.215. Dort auch die folgende Bemerkung, S.216
10 Henri Cartier-Bresson, Der entscheidende Augenblick (1952), in: Wolfgang Kemp (Hg.), Theorie der Photographie Bd.III, 1945-1980, München 1983, S.78-82
11 Thomas Theye (Hg.), Wir und die Wilden, Einblicke in eine kannibalische Beziehung, Reinbek 1984; Ausst.Kat. Der geraubte Schatten. Photographie als ethnographisches Dokument, München Luzern 1989
12 Michael Ruetz, Über Berlin, München 1991
13 Lambert Wiesing, Die Sichtbarkeit des Bildes, Geschichte und Perspektiven der formalen Ästhetik, Reinbek 1997
14 Rolf Sachsse, The Dysfunctional Leica, Instrument of the German Avantgarde, in: History of Photography 17.1993.3.301-304
15 Jürgen Claus, Theorien zeitgenössischer Malerei, Reinbek 1963, S.8-11
16 Insbesondere bei seinen panoramatischen Aufnahmen, für die eigene Regeln gelten, die oft genug Vorbildern aus der US-amerikanischen Malerei des 20. Jahrhunderts folgen. Vgl. Michael Ruetz, Eye on America, Boston 1984
17 Aldo van Eyck, Interview 1959, in: Arnulf Lüchinger, Strukturalismus in Architektur und Städtebau, Stuttgart 1981, S.28
18 Michael Ruetz, Wer ist Hajek, wer ist Halke? Erinnerungen an und von Heinz Hajek-Halke, 1898-1983, in: Christine Fischer-Defoy (Hg.), Kunst, im Aufbau ein Stein, Berlin 1997
19 Ausst.Kat. Antwerpse retabels, 15de – 16de eeuw, Antwerp 1993; Hans-Peter Hilger, Stadtpfarrkirche St.Nicolai in Kalkar, Kleve 1990
20 Wilhelm Fraenger, Jörg Ratgeb. Ein Maler und Märtyrer aus dem Bauernkrieg, Dresden 1972
21 Zu Sander vgl. Ulrich Keller, Text zu: August Sander, Menschen des 20. Jahrhunderts, Photographien 1898-1952, München 1980
22 Paul Zanker, Augustus und die Macht der Bilder, München 1987
23 Wolfgang Kemp, Ellipsen, Analepsen, Gleichzeitigkeiten. Schwierige Aufgaben für die Bilderzählung, in: ders. (Hg.), Der Text des Bildes. Möglichkeiten und Mittel eigenständiger Bilderzählung, München 1989, S.62-88
24 Ausst.Kat. John Heartfield, Berlin Bonn 1990; Staeck / Steidl, Klaus Staeck, Standort Deutschland, Göttingen 1996; Heinrich Klotz, Alain Weill (Hg.), Rambow 1960-96, Plakate Poster Affiches Bücher Books Livres, Stuttgart 1996
25 Rolf Sachsse, Bärlappsamen und Anarchie, Marginalien zur Photokopie, in: Ausst.Kat. Originalkopie, Köln 1989, d.i. APEX 3.1989.6.4-48
26 Ausst.Kat. Marcel Duchamp und die Avantgarde seit 1950, Köln 1988
27 Jan Tschichold, fotografie und typografie (1925), in: Günter Bose, Erich Brinkmann (Hg.), Jan Tschichold, Schriften 1925-174, Bd.1, Berlin 1991, S.41-51
28 Ruetz, Sichtbare Zeit, a.a.O. (Anm.4), S.110-115 + 220-221
29 Michael Koetzle (Hg.), Bertolt Brecht beim Photographen, Siegen 1987
30 Roland Barthes, Die helle Kammer, Bemerkungen zur Photographie, Frankfurt 1985
31 Bourdieu / Boltanski / Castel / Chamboredon / Lagneau / Schnapper, Eine illegitime Kunst. Die sozialen Gebrauchsweisen der Photographie, (Paris 1965) Frankfurt 1981
32 Jörg Boström, Richard Grübling (Hg.), Wir. Fotografen sehen die Bundesrepublik, Weinheim 1984
33 Heinrich Wölfflin, In eigener Sache. Zur Rechtfertigung meiner »Kunstgeschichtlichen Grundbegriffe«, in: ders., Gedanken zur Kunstgeschichte, Basel 1941, S.15-18
34 Richard Sennett, Fleisch und Stein, Der Körper und die Stadt in der westlichen Zivilsation, Berlin 1995, S.66-85
35 Werner Kohn, Gerhard C.Krischker, Werner Mayer, Rudi Sopper, Wolfgang Will, In Bamberg war der Teufel los, K(l)eine 68er APOlogie, Bamberg 1993
36 Ausst.Kat. Das deutsche Auge, Hamburg 1996; Markus Rasp (Hg.), Contemporary German Photography, Köln 1997
37 Michel Foucault, Die Ordnung der Dinge, Frankfurt 1971, S.447-464

I

Ikonen

Der Bundschuh. 1969

Die Stadt als Landschaft. 1966

BAR CAFE
TOKYO
VON MAHLER

Charaktermasken. 1968

Gemütlichkeit. 1973

Freundschaft. 1973

Bad in der Menge. 1972

neuform
VDR
Reformhaus
Salus
KRÄUTER
TROPFEN
KRÄUTER
TEE
Montag - Frei
von 7-17 Uh

Volkes Stimme. 1967

DIE RECHTE IST DIE RECHTE. ABER
DAS IST EINE RANDERSCHEINUNG!
DER

Papiertiger. 1968

Aura. 1967

Wandertag. 1969

...wenn die
Revolution siegt,
wird es noch
zwei, drei, vier...
Vietnams geben
bis die Welt rot oder tot ist
Olivaer Platz
HALT

Heiligenbilder. 1967

HEUTE
OHNESORG
MORGEN WIR

Aufregung. 1967

Es lebe der Vietkong! 1968

Feuerteufel. 1968

Winkelried I – 1969

Winkelried II – 1967

Weltniveau. 1969

Fernbegräbnis. 1967

Archimedes. 1968

Die Einsamkeit in der Menge. 1968

Endspiel. 1968

Pädagogik. 1969

Aufwärts! 1968

2

Pathos und Paraden

Neinsager. 1968

Dem Volke dienen. 1969

Vorhut West. 1968

Vorhut Ost. 1973

Volksfront. 1968

Langemarck. 1967

Beinfrei. 1974

Beinfrei. 1973

Ablenkung. 1974

Trio infernal. 1974

1968. Sozialistisches Lager.

Demonstranten. 1969

Altersweisheit. 1968

WIR FORDERN!
HARTEN KURS
gegen den
SDS
ROT
U.S.A.

Sitzrevolte. 1966

Sitzrevolte. 1967

Am Boden. 1968

Purzelbaum für Erich. 1973

Sturm und Drang. 1968

Sieg im Volkstanz. 1969

Fahnenschwinger. 1968

Fahnenträger. 1967

Fahnenweihe. 1973

Die Fahne hoch! 1968

Ganz Ohr. 1968

Kudammbummel. 1967

Die Mehrheit. 1968

Monstranzen. 1968

Tierfreunde. 1967

Tierfreunde. 1968

Abführung. 1967

Zuführung. 1967

Trommler bei Krenz. 1968

Jeannine d' Arc. 1968

Trauermarsch. 1967

Trauermarsch. 1967

Monstranzen. 1968

Wir sind
begeistert
von
Persil 65
Der große Wechsel zu Persil 65
Nichts
wäscht
weißer

Demo. 1966

3

Große Gesten

Ruf aus der Gruft. 1968

Schwerter zu Mistgabeln. 1968

Freudenfeuer. 1969

Freudenfeuer. 1968

Faustkampf. 1967

Faustkampf. 1973

Rektors neue Kleider. 1968

Die Ruhe weg. 1966

Nachdenken. 1968

Vorbehalt. 1967

Die Lautsprechergeneration. 1967

Die Lautsprechergeneration. 1968

Hände hoch! 1967

Hände hoch! 1967

»Kommt massenhaft!« 1968

»Kommt massenhaft!« 1968

Vorhang auf. 1967

Vorhang zu. 1966

Stoa. 1966

Submarine

Stoa. 1966

Solidarität. 1974

Solidarität. 1973

Lehrmeister. 1974

Lehrmeister. 1968

Gegenrede. 1968

Gegenrede. 1967

Weihnachtsmann. 1968

Weihnachtsmann. 1969

Vaudeville. 1967

Witz. 1966

Volles Haus. 1967

Volles Haus. 1968

Uniformiert. 1974

Räuber und Gendarm. 1967

Incognito. 1967

Freier Blick. 1969

Studium generale. 1968

Prioritäten. 1969

Die Maler der Revolte. 1968

Die Maler der Revolte. 1968

Nachtlager. 1968

4

Kleine Geschichten. Geschichte im Kleinen

KOMMUNE I

Die Bohème. 1968

Vergast die

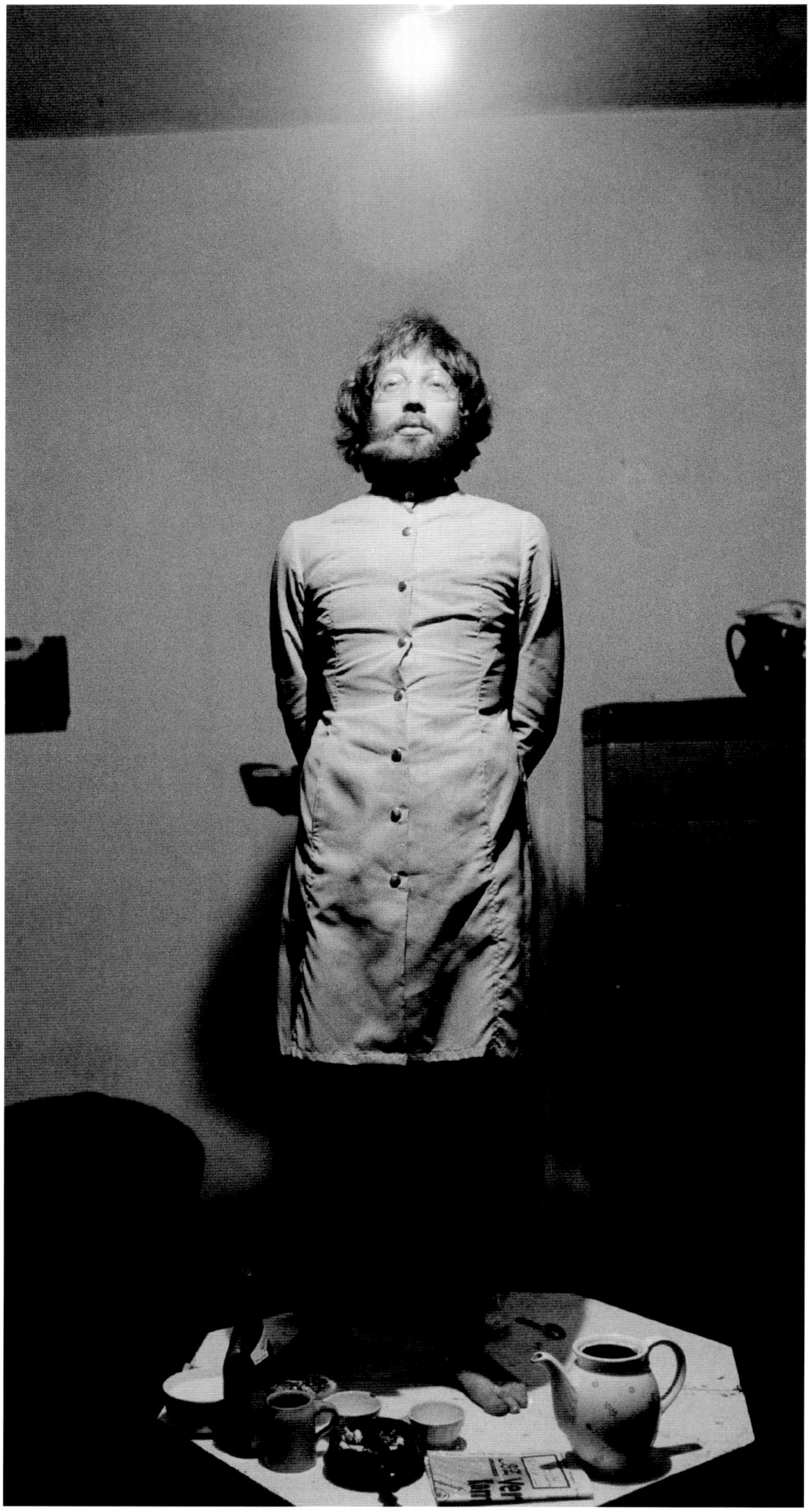

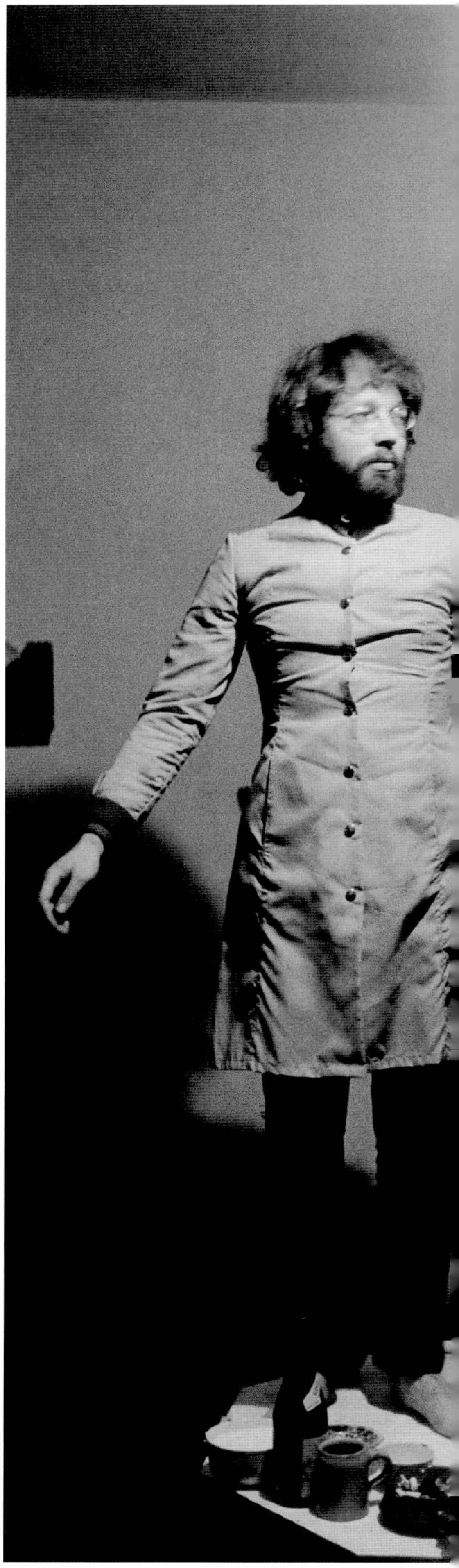

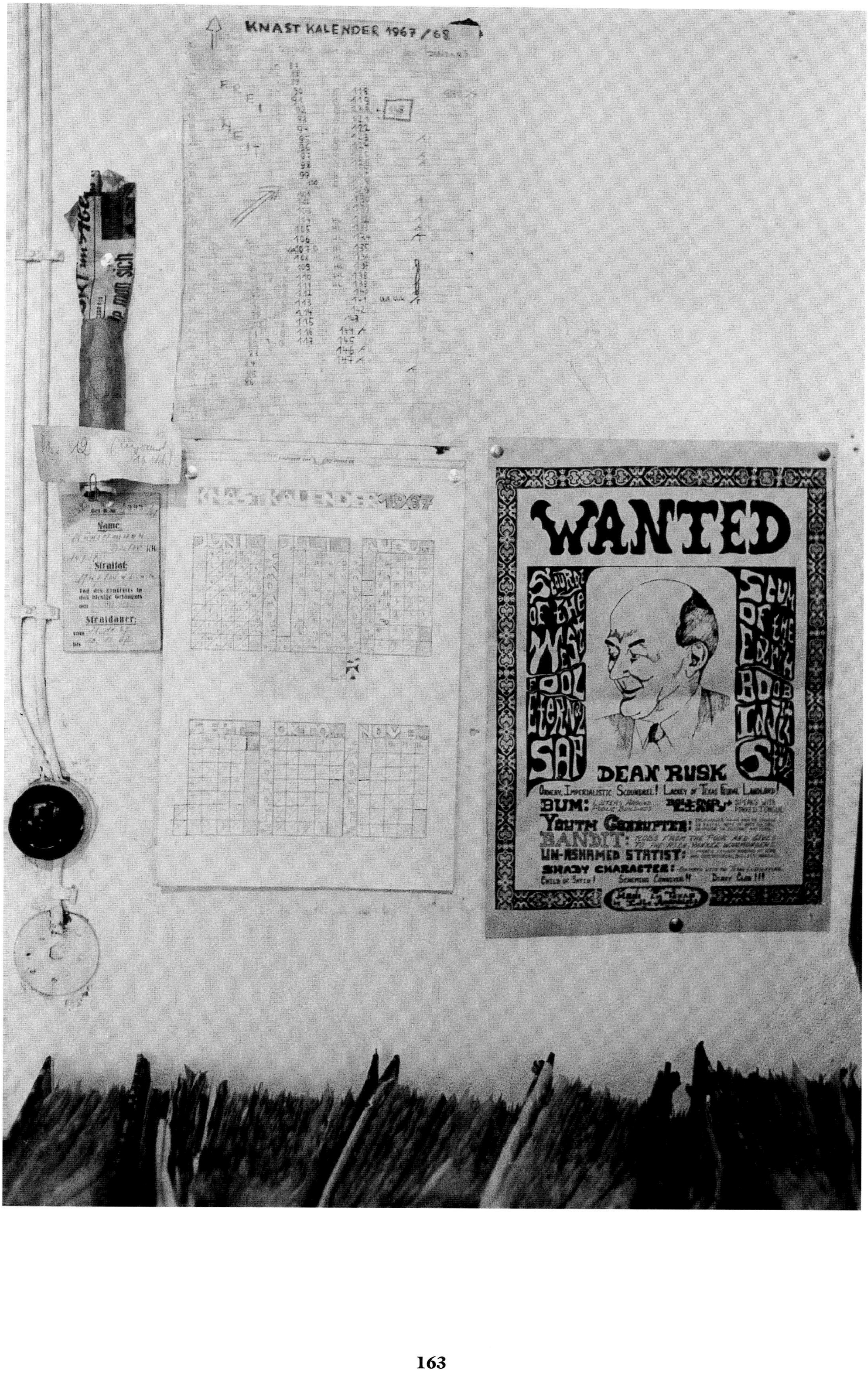
KNAST KALENDER 1967 / 68
WANTED
DEAN RUSK
Ornery, Imperialistic Scoundrel! Lackey of Texas Feudal Landlord!
BUM:
YOUTH
BANDIT:
UN-ASHAMED STATIST:
SHADY CHARACTER:

Das Fernbegräbnis. 1967

Eine Ohrfeige. 1968

Die Journalisten. 1967

EXTRA
Berlin hat die meisten Alkoholiker
Sucht zum Suff
EXTRA für den Leser...
Wir sind
EXTRA

Wir sind pleite
BERLINER

Schlacht an der Spree.

Ende der Unschuld. 1968

Kamminer Straße
IDEAL LEBENSVERSICHERUNG

B-30030

Springers großer Sprung voran. 1968

Ergriffen. 1969

EIN ADOLF
WAR SCHON
ZUVIEL

Die heilige Johanna von Tempelhof. 1967

SAGT EUERN
KINDERN WAS
IHR GELERNT HABT!
WAFFEN SIND
KEIN
TRAGE ICH MEIN
IMMER MIT MIR
IM:

TAGE DER OFFENEN
BOMBEN-
SCHÄCHTE
0-24 00 Uhr
LBJ LBJ!
HOW MANY
KIDS HAVE YOU
KILLED TODAY?

GT EUERN
KINDERN WAS
IHR GELERNT HABT
WAFFEN SIND
KEIN
SPIELZEUG!
UNITED STA
MAMI UND
PAPI
WOLLEN AUCH
KEINE AMIS
IN
VIETNAM
ICH GROß
AGE ICH MEIN MO
MIR
ÖPFCHEN.

0-33287
PANZER
KINDER-
SPIEL
IN
VIETNAM
?
WAFFEN
EUCH

Die Bräute der Revolte. 1968

5

Die Einen und die Anderen

Denkschrift. 1968

Bittschrift. 1967

Wohlwollen. 1969

Wohlwollen. 1970

Das jüngste Gericht. 1967

Asche zu Asche. 1968

Sandwichman. 1966

Mehrheitsvertreter. 1967

Nach der Revolution singt die Volkspolizei. 1974

Pflichtbewußt. 1968

Advent. 1968

Gummi kneten. 1967

Lourdes. 1973

Zuschauer. 1968

Fest im Griff. 1968

Fest im Griff. 1968

Wir sind das Volk. 1968

C

Wir sind das Volk. 1973

Mißvergnügen. 1968

Ganz Ohr. 1967

1968 – »Ihr müßt diesen Typen …

… nur ins Gesicht sehen«. – 1974

Freie Deutsche Jugend. 1973

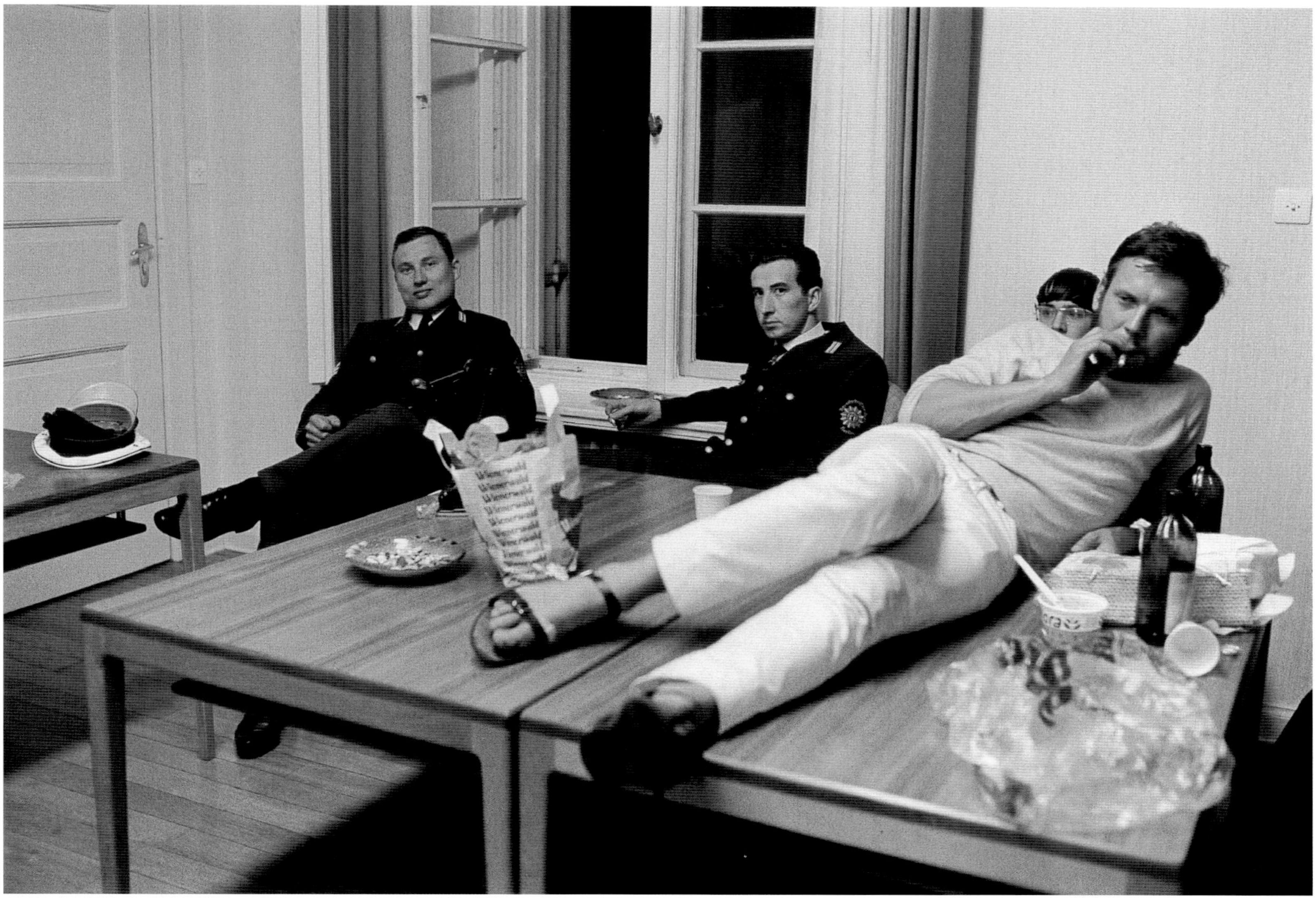

Revolutionäre Ruhe. 1968

Raub der Sabinerinnen. 1968

Schwitzkasten. 1969

Auf der Alm. 1966

Passbild. 1968

Prediger. 1967

Prediger. 1967

Professorenschwur. 1967

Professorenscherz. 1967

German Gothic, Ost. 1974

German Gothic, West. 1967

Sieg im Volkstanz. 1968

Ein Tänzchen in Ehren. 1968

Stimmungsmusik. 1967

Tuten und Blasen. 1973

Arbeitermilieu. 1968

Revolutionsmilieu. 1973

Theaterarbeit. 1967

Theaterarbeit. 1974

Künstler am Bau. 1974

Bühnenkünstler. 1974

Weltpresse. 1969

6

Ost und West

Waffenbrüder. 1968

Waffenbrüder. 1973

Kinderspiele. 1967

Kinderspiele. 1974

Kriegspielzeug. 1968

Hallo Erich. 1974

Brillenträger. 1968

Brillenträger. 1967

Rechtspfleger. 1967

Rechtspfleger. 1968

Kudamm-Prozession. 1968

Saubermänner. 1969

Fröhlich sein und singen . 1967

Heut mach ich mir kein Abendbrot, heut mach ich mir Gedanken. 1966

Letzte Ruhe. 1968

Letzte Ruhe. 1968

Stammlokal. 1967

Stammlokal. 1969

Augenspiel. 1967

Kiez Ost. 1966

Kiez West. 1965

Kinderszenen Ost. 1973

Kinderszenen West. 1967

Alle reden vom Wetter.
Wir nicht.
SDS SOZIALISTISCHER DEUTSCHER STUDENTENBUND

Pascha. 1968

Genießer. 1966

Photograph. 1973

Photograph. 1967

»Im Interesse des Volkes« 1966

»Dem Deutschen Volke«. 1969

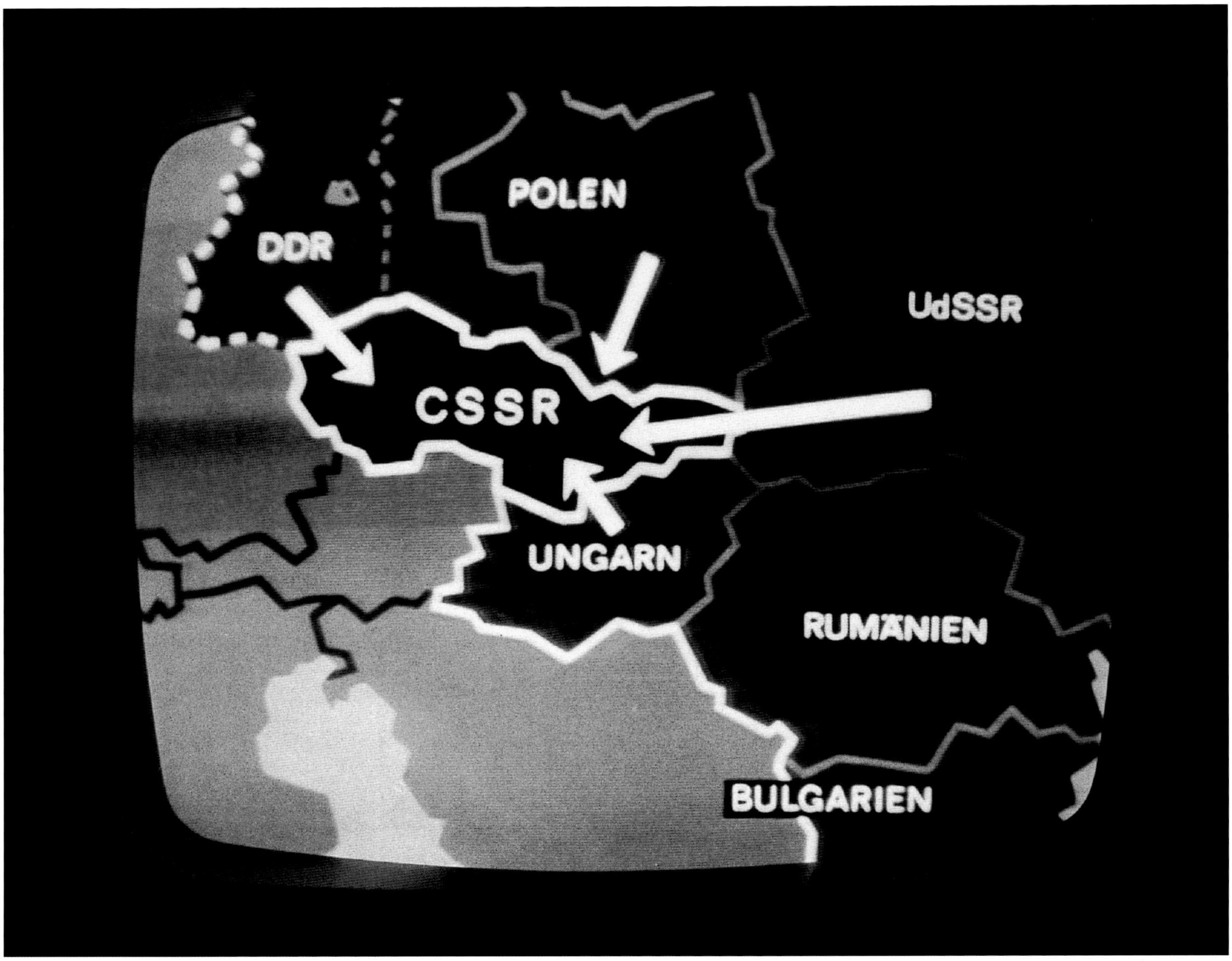

1968 Nachrichten…

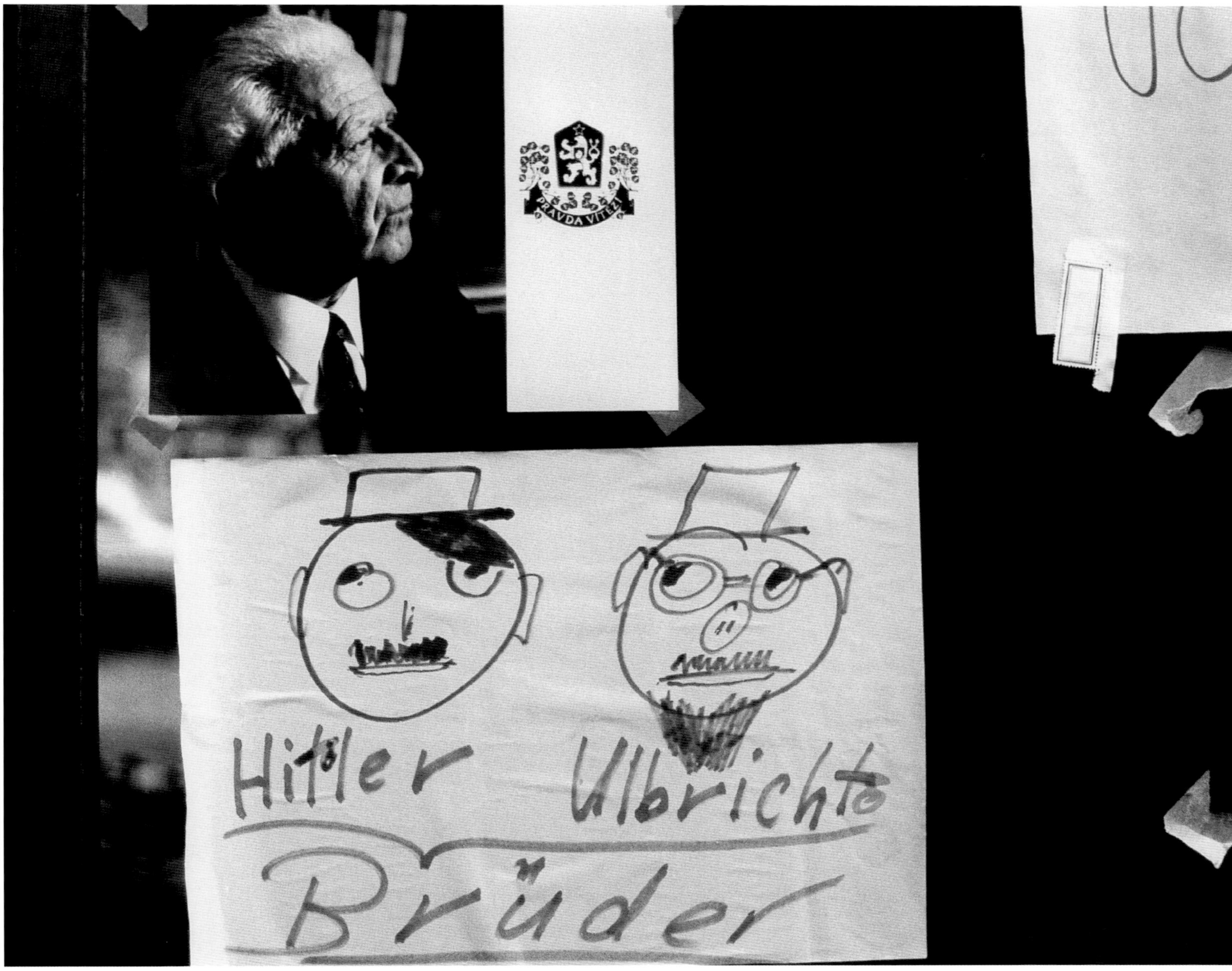

...und Neuigkeiten. 1968

Blick nach Drüben. 1967

Blick nach Drüben. 1967

7

Alt und Jung

Die Oma der Revolte. 1968

»Unsere Jugend«. 1973

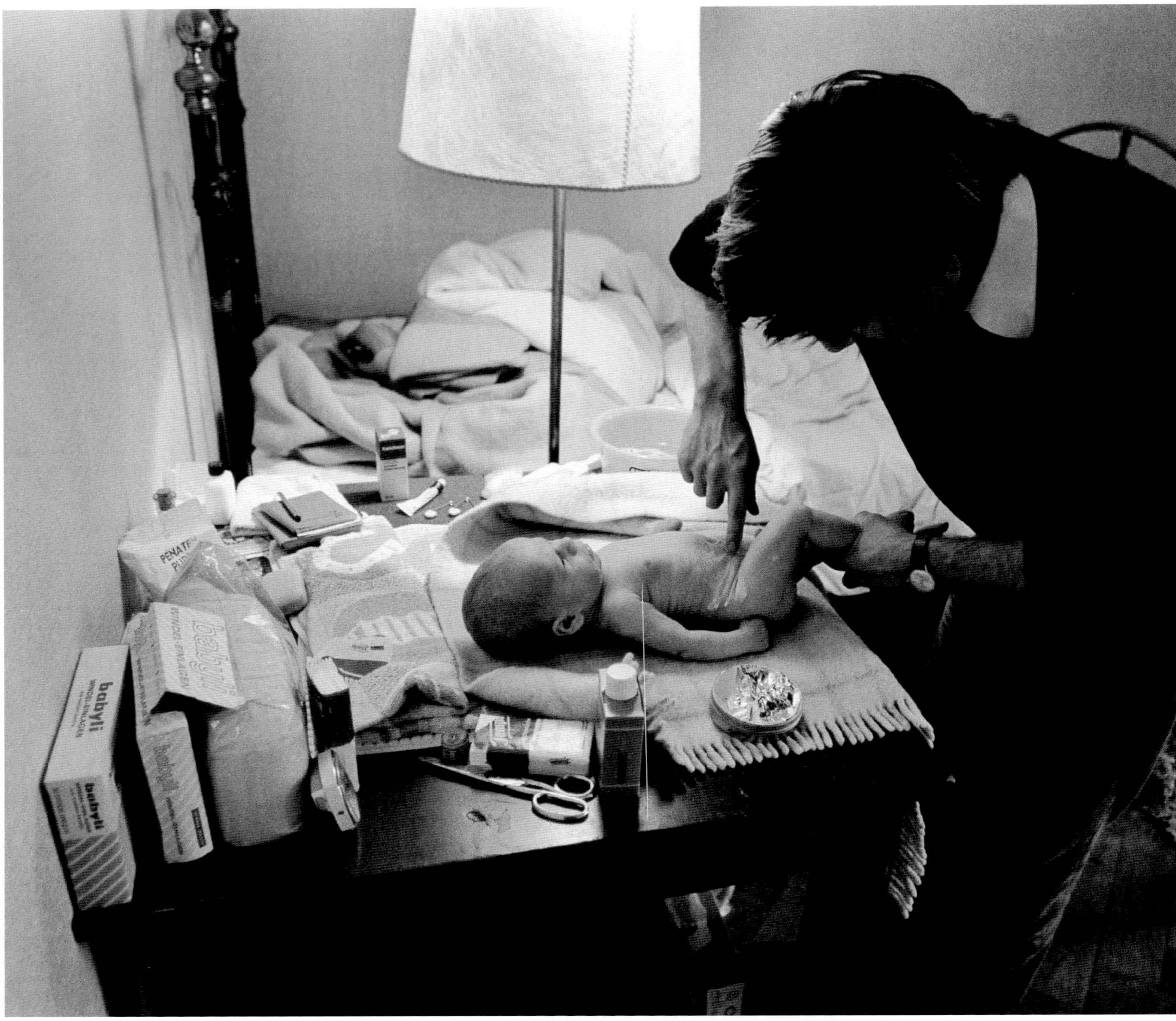

Väter. 1968

Väter. 1974

Sozialisierung. 1969

Sozialisierung. 1973

Familiensitz. 1966

Familienklo. 1969

Kriegsspielzeug. 1974

Kinder-Fluxus. 1969

Dressur. 1973

Dressur. 1973

Dressur. 1969

Dressur. 1966

Kinderpflege. 1969

Spielsachen. 1969

Jugendfreund. 1967

Jugendfreund. 1969

Mahlzeit. 1973

Mahlzeit. 1967

Theater. 1973

12 Uhr mittags. 1967

Theater. 1968

Modenschau. 1968

Berliner Luft. 1967

Menschenfreund. 1966

Idylle. 1966

Kleingewerbe. 1969

Im Café. 1967

Im Café. 1967

Bier. 1967

Vierschrötige Gesänge. 1967

Lebensabend. 1973

Lebensabend. 1967

Mahlzeit! 1969

Wo laufen Sie denn? 1973

Lebensabend. 1967

Die Mutter. 1973

Lebensabend. 1967

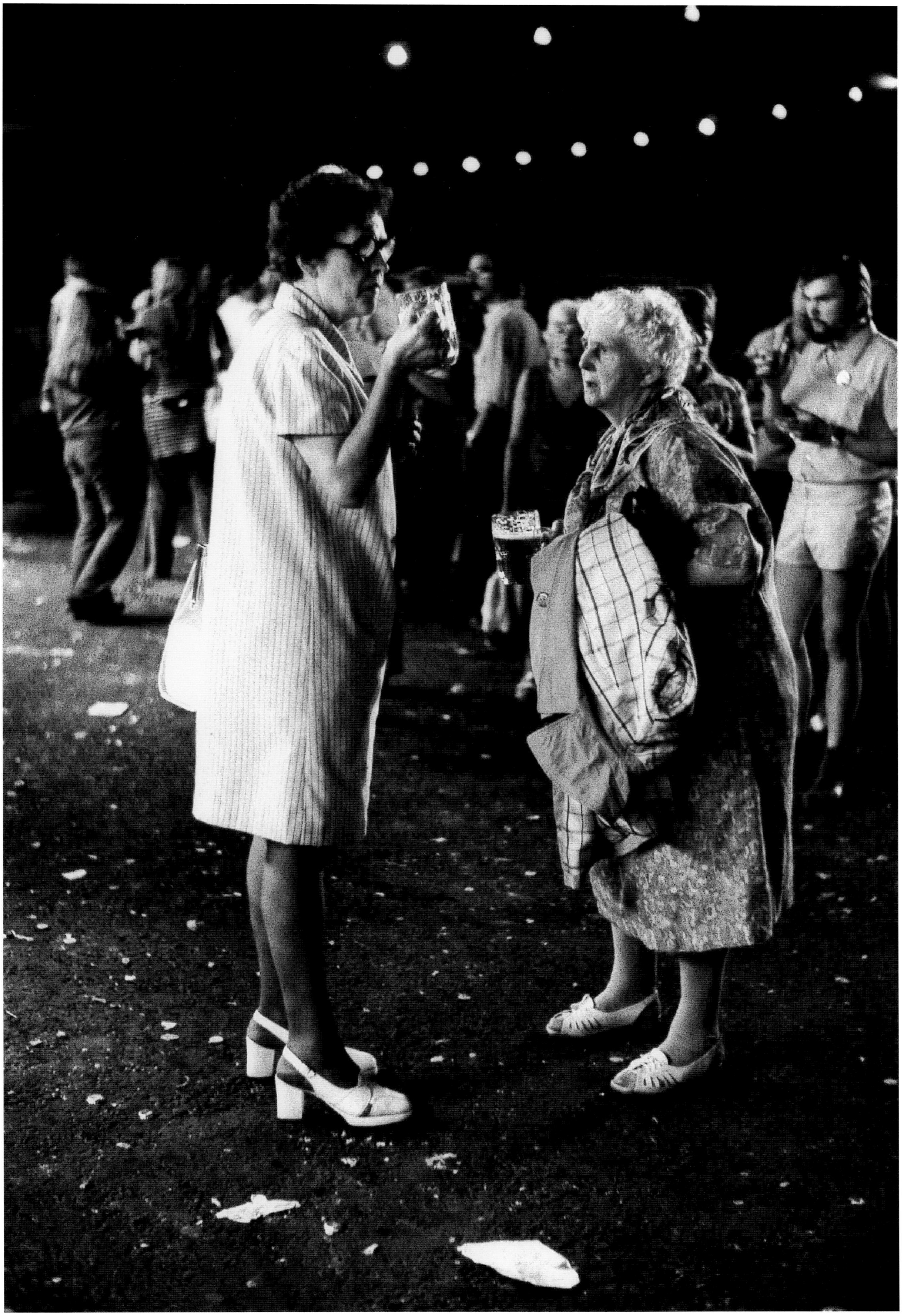

Tochter und Mutter. 1973

8

Szene und Milieu

Studentenbude. 1968

Wohngemeinschaft. 1967

Zuhörer. 1968

Zuhörer. 1967

Aug' und Ohr. 1967

Menetekel. 1967

Menetekel. 1967

Hauptquartier. 1968

Hauptquartier. 1968

Anschläge. 1968

Anschläge. 1967

Arbeitermilieu. 1968

Studentenmilieu. 1968

Musike. 1967

PLISSE
GROSSES
FRÜHKONZERT
„Lindenhof"
DEUTSCHLANDHALLE
Gastspiel der Opéra National Brüssel
NEUNTE
Welle

Musike. 1966

Nachtcafé.

Nachtcafé . 1967

Nordhäuser Doppelkorn. 1968

Nordhäuser Doppelkorn. 1968

Photographen. 1973

Photograph. 1974

Kunsthändler. 1968

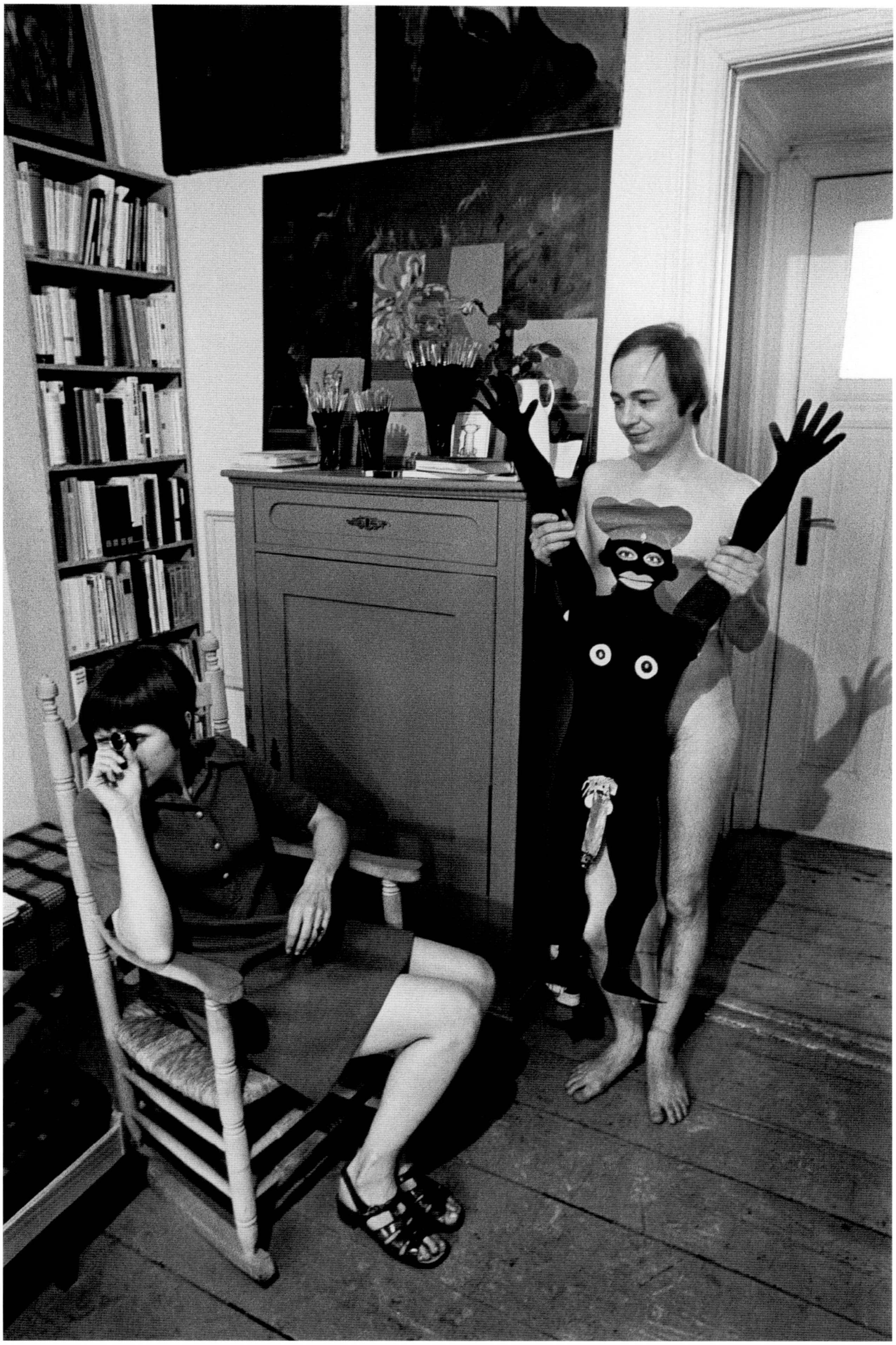

Künstler. 1969

Berlin von unten. 1968

Berlin von oben. 1969

9

Die wiedergefundene Zeit

Timescape 0051.1

Biergarten, Berlin-Schöneberg: 30 Jahre später

Timescape 0051.0 *20.Juli 1967*

Die Berliner Kneipe. Ein Urbild, ein Nachbild.

Das Bild dieser Ruine ist sichtbarer Beweis dafür, daß der Verfall ein Kontinuum ist. Er beginnt und endet nie, er ist die Zeit, er verkörpert sie und macht sie durch sich evident, irdischer Stellvertreter des Unsichtbaren. Der Blick auf die Ruine dreißig Jahre später: le temps retrouvée.

Dieses Gemäuer war schon vor dreißig Jahren nicht mehr intakt. Ruine ist das alte Haus seither geblieben. Es lebt im Niedergang, und dieser wird erst enden, wenn eine ebene Fläche an seine Stelle tritt oder ein Neubau.

Alle Baulichkeiten überleben, solange sie sinngemäß genutzt werden. Ihr Verfall wird hemmungsloses Trudeln, werden sie erst usurpiert und zweckentfremdet. In seinem heutigen Zustand, (Seite 362) geriet das alte Haus durch Instandbesetzung. Was immer das auch sei: die Besetzung, wenn auch vielleicht gut gemeint, war der Todestoß. Sie trieb voran, was Bomben Jahrzehnte zuvor mit Erfolg begonnen hatten. Seitdem herrschte lethargischer Stillstand.

Das Haus hat seine Bewohner überlebt. Es zeigt den Überlebenswillen, den Ruinen mehr haben als das Neue.

Timescape 0051.3 *3. Oktober 1997, 10.01 Uhr*

Kann das Haus sich je wieder erholen? Wenn nicht: was kommt danach? Eine Scheußlichkeit wie an der Potsdamer- und Pallas-Straße, gleich um die Ecke?

Vor dreißig Jahren befand sich hier eine Kneipe. Der Schultheiß-Biergarten war ein echtes Nachbarschaftslokal. Besucht wurde er durchweg von Älteren. Ich war im allgemeinen der jüngste Gast, folglich nicht mit »junger Mann!« angeredet. Diese Anrede blieb Älteren vorbehalten. An Markttagen wurde am meisten Umsatz gemacht, in der Woche war das Lokal im allgemeinen leer.

Im unverputzten Vorderhaus befand sich ein kärgliches Schreibwarengeschäft. Immerhin bot es Montblanc-Füllfederhalter an. Damals waren sie noch kein Luxus, sondern normales Schreibgerät. Man ärgerte sich, wenn sie klecksten. Heute ist das Klecksen ein Teil des Rituals der teuren Marken, ein Beweis von life-style.

Zwischen dem Vorderhaus, das nur noch halb vorhanden und ausschließlich Parterre war und dem Hinterhaus mit noch vier Geschossen – im einstigen und Hinterhof also – lag der kleine Biergarten mit vier oder fünf Tischen. Berlin war Landschaft geworden, Trümmerwüsten zu Gärten.

Im Hinterhaus befand sich die Kneipe selbst. Am späten Abend war sie meist völlig leer, die Älteren waren daheim oder hatten anderes vor. Wir waren dann die einzigen oder letzten Gäste und bewiesen so,daß wir sehr wohl als »Junger Mann!« zu gelten hatten.

Es fiel uns auf, wie gut das Lokal gepflegt war, im Gegensatz zu dem ganzen Haus, das würdig vor sich hin bröckelte. Man arbeitete gegen den Verfall ringsum, man leistete ihm Widerstand. Der Wirt war jünger als wir und trug einen feschen Schnauzbart. Er zapfte Bier mit Hingabe, 15 Minuten, ein Mützenzipfel auf dem Schaum. Auf der Metall-Theke lag ein Handtuch – doch nicht, um diese blankzuputzen. Der junge Mann preßte es ab und zu gegen sein Gesicht und hustete hinein. »Er hat nur einen Blutsturz«, sagte dann seine Mutter. Uns begütigte sie mit diesen Worten, und ihm linderte sie die Beschwerden. Im Lokal hatte sie das Sagen, und ich denke zuweilen, daß sie die Kneipe nur führte, damit der Sohn in der Restzeit seines Lebens noch einen Sinn und Aufgaben hatte. Bis heute weiß ich ihren und seinen Namen nicht, und ich habe keine Ahnung, wie weit dies reine Phantasie ist.

So absurd das Lokal auch war, so typisch war es für Berlin, für diese Stadt, in der so wenig stimmte und so fast nichts zusammenpaßte. Was diesem alten Haus geschieht und in ihm: es geschieht Berlin.

Timescape 0073.0 *1.August 1960*

Stadtmitte.

Timescape 0073.1 *4.Oktober 1997, 15.22 Uhr*

Dreissig Jahre später

Timescape 0012.0 *16. August 1966*

Boulevard.

Timescape 0012.1 — *4. Oktober 1997, 14.45 Uhr*

Timescape 0060.0 *25. Oktober 1966*

Stadtmitte.

Timescape 0060.1 *3. Oktober 1997. 15.14 Uhr*

Dreissig Jahre später

Timescape 0064.0 *7. August 1973*

Stadtmitte.

Timescape 0064.1 *4. Oktober 1997. 10.34 Uhr*

Dreissig Jahre später

Timescape 0050.0 *15. Dezember 1967*

Die Mauer an der Bernauer Straße, Berlin-Wedding, merhfach gestaffelt (s.a. Seite 164/165).
Vorne der Fußweg, noch in Westberlin, sowie die Fassaden der Häuser, bereits im Osten, aus denen die Bewohner flüchteten als die Mauer Form annahm. – Niemandsland. – Panzersperren. – Sandstreifen. – Die Mauer der Friedhöfe der Elisabeth-, Himmelfahrt- und Versöhnungs-Gemeinden. –
Rechts die 1895 erbaute und am 28. Januar 1986 gesprengte Versöhnungskirche. Seitdem war das Gelände freies Schussfeld.

Die Glocken der Versöhnungskirche
auf dem oben gezeigten Abschnitt der einstigen Mauer.

Timescape 0050A.1

6. Juli 1997

Diese Bilder gehören zum Bilderzyklus *Timescape II*, der im Konzept etwas weniger stringent ist als *Timescape I.* Der wichtigste konzeptionelle Unterschied ist, daß die Standpunkte innerhalb der Bildreihungen leicht verändert werden kann – besonders, wenn er nicht mehr existiert und nur ersetzt werden kann. Nach den strengeren Regeln von *Timescape I* würde in einem solchen Fall die Reihung ihr Ende finden.

Michael Ruetz
Diese, Jene – jetzt und damals

NEUNZEHNHUNDERTACHTUNDSECHZIG ist vielleicht wirklich eine große Zeit gewesen. Die Lupe der Zeitgenossen, das Teleskop der Nachgeborenen und die Souffleure von einst und jetzt machen die Jahre um 68 überlebensgroß. Für mich war Achtundsechzig eine gute und schöne Zeit, aufregend, voll starker und angenehmer Erinnerungen und dicht gedrängter Erlebnisse. Der Urknall dessen, was jetzt Gegenwart geworden ist, meine und die allgemeine.

Achtundsechzig war nicht die große Zeit allein von Rudi Dutschke. Er war prominent, viel mehr wahrscheinlich nicht. Er teilt das Schicksal zu Lebzeit allzu prominenter Dichter, den Verfassern von Bestsellern, die heute keiner lesen will. Holtei, Thümmel, Nicolai: als hätten sie niemals gelebt. Daß man sie vergaß, macht sie nicht besser, doch Aura mag das Vergessen ihnen geben.

Es gab in der Geschichte unserer Nation große Zeiten und Persönlichkeiten: nicht allzu groß in ihrer Gegenwart, erst posthum überlebensgroß. Daran erkennt man sie, darin zeigt sich ihre Größe. Dutschke war ein Bestseller der Politik um 68. Das ist lange her, ganze dreißig Jahre.

An uns fliegen heute drei Jahrzehnte so schnell vorüber, wie in früheren Zeiten drei Jahrhunderte. Für den Historiker bleiben drei Jahrzehnte 30 und drei Jahrhunderte 300 Jahre – oder sie sind nur Stunden der Lektüre. Achtundsechzig sieht heute aus wie der Schnee von vorvorgestern. Man ist versucht, die Meinungen der Zeitgenossen von damals einfach zu ersetzen durch die der Nachgeborenen – oder durch unsere, die wir jetzt noch leben und uns erinnern.

Der Austausch der Erinnerungen würde sie vernichten; langweilig wäre er zudem auch. Dergleichen wäre eines Stalin würdig, der die Genossen Antipow, Kirow, Schwernik Stück für Stück aus einem Gruppenbild von 1926 eliminierte, damit er 1929 allein übrig und im Bild blieb. Er wäre eines Lenin würdig, der 1920 in ein Bild von sich – zum Volke redend – das Volk hineinmontieren ließ. Er tat auf seine Weise das, was Brecht bissig nach dem 17. Juni vorschlug: die Regierung solle sich doch ein neues Volk wählen.

Tunc und nunc, jene und diese Ansicht sind nicht austauschbar, sie sind zwei Welten, zwei Zeiten, zwei Generationen, zwei Gesichter an einem Kopf. Das eine sieht nach hinten, das andere blickt nach vorn. Wir wissen nicht, wo uns der Kopf steht, wenn wir die Vergangenheit betrachten.

Bilder sind frei von Doppelsichtigkeit, die gleichen heute, die sie damals waren. Sicht und Blickrichtung sind entscheidend. Bilder und Ereignis kommen vor dem Wort. Das Bild ist die Basis aller Worte; die Wort-Formulierung kann der Anschauung nur folgen. Das Bild ist seiner Wertung weit voraus: Worte aber sind immer Wertungen. Bilder bergen alle Einschätzungen latent in sich, sie sind im gleichen Maße zeitgenössisch wie nachgeboren. Auch alt sind sie jung und frisch.

Das vorliegende Buch schreibt unsere Geschichte nicht neu oder um, wie es die Sowjet-Enzyklopädie oft und vorbildlich tat. Auch ich schreibe meine Meinungen nicht um; ich lasse die bestehen, die ich damals hatte, nebst denen, die sich immer wieder bilden.

In meinem Kopf gibt es zwei Ansichten von Achtundsechzig, wenn nicht gar mehrere. Alle sind erkennbar unterschiedlich; keine ist »wahr« oder einzig gültig. Die Version von 1968 wird nicht umgeschrieben in eine von 1998. Mein Bild der Zeit ist weder touchiert noch retouchiert.

In diesem Buch zeige ich Geschichte aus der Sicht des Zeitgenossen, in gleichen Sinne, wie Theodor Fontane Geschichte aus der Sicht des Zeitgenossen schreibt. Gordon A. Craig sagt über Fontane: »... die Historiker liefern sämtliche Fakten, aber nicht die Stimmung und das Gespür für sie. Wenn Sie wissen wollen, was eine Gesellschaft vor dem ersten Weltkrieg zusammenhielt, worüber die Menschen geredet haben und welche Themen tabu waren, welches Klassenbewußtsein ihnen eigen war, dann halten Sie sich besser an die Schriftsteller der Zeit. Historiker geben dies alles auf akademische Weise wieder, Schriftsteller anschaulich und als Zeitgenossen.« (Spiegel 43/97) Geschichte spielt sich nicht auf Regierungsebene ab, sondern auch bei uns hier unten. Wir sind das Volk, sozusagen der »Koch« des Großen Alexander in Brechts Gedicht.

Die Bilder, welche es hier zu lesen gibt, machen vieles von dem sichtbar, was an den Jahren um 68 so besonders ist, und warum wir jetzt noch an sie denken. Befragen wir die Bilder, bringen wir sie zum Sprechen, lassen wir sie Auskunft geben über das, was Worte nicht erfassen können.

Geschichte gemacht hat die APO nicht, auch wenn wir gerne glaubten, nach uns sei Geschichte überflüssig. Als Zeitgenosse, Augenzeuge, nahm ich gar nicht an, daß unser Mikroklima große Geschichte würde: ich hielt uns und unsere Szene für die Geschichte selbst. Die Ereignisse nahm ich so, wie sie waren: nicht aus Einsicht oder Klugheit, sondern weil sie mir nahe gingen und nahe lagen. Das Nächstliegende ist stets das Wichtigste.

Man kann von der APO allerdings nicht sagen, daß sie das Nächstliegende zu ihrer Sache machte. Ihre Ziele waren weit voraus projiziert und weg von uns, weg von der räumlichen und zeitlichen Gegenwart – unerreichbar, jenseits des Horizonts. Die

Gefahr, daß aus ihnen eine Pflicht erwachsen könne – die nämlich, erst einmal Nächstliegendes anzupacken – war folglich sehr gering.

Die Tradition des unverbindlichen Dafürsein und Dagegenseins, des Engagements ohne Verpflichtung wurde damals neu belebt. So blieb jener Teil der APO, zu dem ich mich zähle, in seinen Träumen ungestört. Der unsichtbare Teil der Szene träumte ganz und gar nicht. Er bewegte die Bewegung. Er rechnete genau und handelte dezidiert. Sichtbar war nur die Bewegung. Dutschke sollte augenfällig sein.

Rudi Dutschke, von vielen als *Der Einzige* erinnert, hat selbst nichts bewegt, vielleicht nicht einmal sich selbst. Dennoch: ich hätte es damals ganz toll gefunden, wenn seine und unsere schönen Einfälle sogleich wahr gewesen wären. Mitte Zwanzig ist man ein guter Alchimist: Man muß einer sein, denn mehr als zaubern kann man ja noch nicht. Zu viele standen im Wege der Bewegung. Wieso, verstand ich damals nicht.

Michael Ruetz – mit Kamera am Rednerpult – beim Springer-Hearing am 9. Februar 1968 im Ernst-Reuter-Saal der TU Berlin. (Photo: Klaus Lehnartz)

Geschichte gemacht, Bewegungen vorangetrieben haben andere: die Leitbilder Mao und Pol Pot, Brandt und Breschnew, die Gegenbilder Nixon und Kissinger, Churchill und de Gaulle. Keiner tat es in der pädagogischen Provinz, von der Hochschule aus und als noch Lernender. Keiner erwartete die schnelle Wirkung, die die APO haben wollte.

Die unsichtbaren Vordenker berechnen Wirkung und Mißerfolg. Politiker, die wirklich etwas vorwärtsschieben, sind ganz sie selbst. Sie verwirklichten sich selbst und sind Künstler der Politik. Als dritter Aufguß von Lenin-Mao-Trotzki-Marx und Stalin ist man genau das Gegenteil davon. Seltsam, daß keiner auf Ulbricht sich berufen möchte, in dessen Zeit die APO fiel. Nun bleibt der arme Mann ein weißer Fleck in der Geschichte.

Es gefällt mir nach wie vor, daß die Achtundsechziger so viel Unruhe stifteten – und zwar mehr eigene als den gekauften Lärm der Rockkonzerte. Auch gut aber, daß sie nicht Geschichte machten. Wir alle wären besser dran, wenn Hitler nicht Geschichte hätte machen dürfen, ein Kunststudent geworden und geblieben wäre. Er hat den langen Marsch durch die Institutionen allzu fix hinter sich gebracht. Er hat sie und sich und uns entwertet und entstellt.

Hitler war getragen vom allgemeinen und individuellen Geist der Selbstauslöschung. Die Achtundsechziger fanden diesen Geist nicht vor, im Westen Deutschlands jedenfalls nicht. Er allein ist das Element der Revolution, und auf ihn konnten sie nicht bauen – zu ihrem und unser aller Glück. Wenn eines Tages dieser Geist doch wieder herrschen sollte, wird man der APO-Epoche nachtrauern – aber nur, weil sie ihm nicht erlag.

Die Gesamtheit der Berliner: ein stiller Strom aus vielen Flüssen, breit wie der Rhein bei Dordrecht. Rudi Dutschke: ein rauschender Wort- und Wasserfall. Alle hörten, viele sahen und wenige lasen ihn. Seine Szene war sozialistisch, nicht einfach bloß »sozial«. Das war schon etwas mehr. Die linke Szene kannte die Berliner nicht, und die Berliner mochten Dutschke nicht. Wie auch, nach dem Vorschlag, endlich den Dorn aus dem Fleisch der DDR zu ziehen und Westberlin als »Polkwitz« in die Heide bei Bargfeld umzusiedeln. Der witzig klingende Vorschlag, über den man gut lachen konnte, wäre die Übergabe an die DDR gewesen. Über die Perspektive konnte man nicht lachen.

Mitnichten ist die Mehrheit schweigend, wie ihr nachgesagt wird: sie wird bloß verschwiegen. Die angeblich Schweigenden sind durchaus nicht stumm, wie man in diesen Bildern sieht. Die Mehrheit ist das Volk, und das Volk hat immer recht, gegen alle Besserwisser. In Großberlin, in den zwei, drei, vielen Berlins, lebten mehr als drei Millionen Menschen, von der Universität verachtet als »die Massen«. Wer will denn schon zur Masse oder gar zum Volk gehören? Gleichheitsgefühl ist kaum mehr als der elegante Luxus der kleinen Minderheit. Er steht ihr gut, wer sonst kann sich die teure Mode leisten? Das Volk will weder gleich noch tümlich sein.

Der gewählte Vertreter aller Westberliner Bürger, ein Herr Schütz, empfahl seiner Partei damals in plump-bemühter Weise, »diesen Typen« – uns, auch mir – doch mal »ins Gesicht zu sehen«. Dann wisse man genug. Als er selbst vor diesen Typen sprach, machte er sich lächerlich. Er sah ihnen doch nicht ins Gesicht; er redete an ihnen vorbei und wurde ausgelacht. Die »Typen« anderer couleur, die den Bürgermeister wählten: sie woben am Geschichtsteppich, über den der prominente Dutschke gern gegangen wäre, ihm folgend ein SDS-Ministerrat.

Nicht allein ihnen, sondern auch den Namenlosen, den ungeliebten Mit-Akteuren ganz da unten, den Verdammten dieser Erde in Berlin: ihnen wird hier ins Gesicht gesehen. Sie waren mehr als Füllsel und Folie der Revolte. Die Elite der Revolten wird immer wieder durch das Volk relativiert.

Die Vorhut der Revolte klitterte sich ihre Welt durch Buchlektüre. Vorakademisch ungeschminkte Wirklichkeit sah sie kaum an und wenn, dann voll Herablassung. Sie beging den Fehler vieler Intellektueller, den Augenschein als »pure Empirie« zu mißachten, das Wort dem Bild voranzustellen. Daß ich genau das nicht tat, unterschied mich am ehesten vom Milieu an meiner Uni: Mir lag am Augenschein mehr als an der Wissenschaft. Mein Milieu war nicht die Universität und Berlin-Dahlem, sondern die vier Berliner Mikrokosmen: die linke Szene Westberlins, Westberlin selbst, Ostberlin und das *ambiente* der drei Westalliierten.

Im Redefluß des SDS war Frantz Fanon fixes Versatzstück, Pflichtlektüre, eine Art Marx für Afrika. Ich habe ihn erst in den Achtzigern genau studiert. »Die Verdammten dieser Erde« und die Dritte Welt wurden von den Studenten negativ idealisiert, gesehen aus einer Art linker Karl-May-Perspektive. Als ich in den Siebzigern eine Gelegenheit bekam, teilte ich Krieg und Risiko der Verdammten. Sie erwiesen sich nicht als ohnmächtig und preisgegeben und als »verdammt« schon gar nicht, sie waren sehr wohl Herren ihres Geschicks. Kein Revolutionär vor Ort wartete auf Anreisende aus der ersten Welt, vom SDS oder anderen Revolutions-Organisationen. Ich demonstrierte keine Solidarität, ich war auf die Solidarität der Kämpfer angewiesen. Nur mit sehr viel Glück blieben diese Feuerproben Abenteuer und Afrikanische Spiele und endeten nicht mit dem Tod in der Savanne. Sie waren nachdrücklich belehrend, intensiver als Solidaritätsbesuche in Cuba oder Nicaragua, als symbolische Kaffee- oder Zuckerernten im anreisenden Delegations-Milieu.

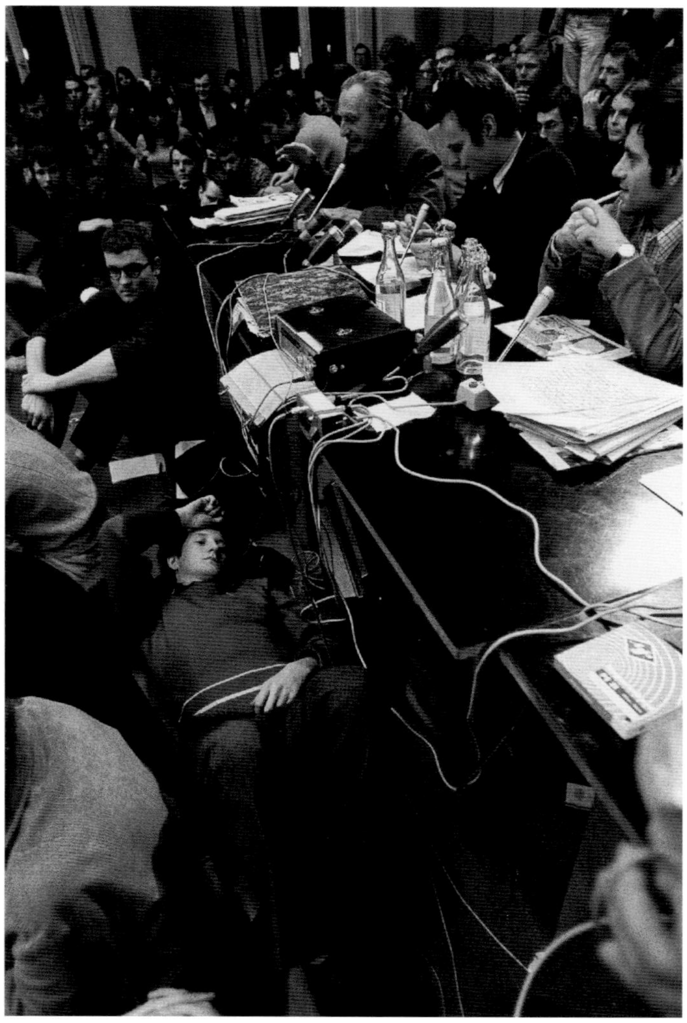
Springer-Hearing am 9. Februar 1968 im Ernst-Reuter-Saal der TU Berlin

Was ich für mich von Achtundsechzig mitgenommen habe, das weiß ich: den Entschluß, immer wieder genau hinzusehen und nichts als die Sache selbst betrachten. Dem Anschein in den Medien, dem Widerschein in der Politik zu mißtrauen. Nicht zu glauben, was souffliert wird und Sprachregelungen stets zu mißachten...

Auch einfache Wahrheiten glauben – nicht nur die komplizierten, die aufwendig erklärt werden müssen und sich allein daher intellektuell überlegen geben. Erkennen, daß auch Vorurteile wahr sein können, daß Meinungen kein Urteil sind sondern ewig variabel. Im Fluß sein und nicht am festen Ufer. Nicht von den Medien fremdbestimmt leben. Nicht ausgegebenen Parolen folgen – besser zunächst das Gegenteil tun als blind das, was die Brüllappelle nahelegen.

Es ist die Skepsis, die sich auch gegen »kritisches Hinterfragen« richtet, das in den Siebzigern engstirniger Brauch geworden war. »Don't believe half of what you see and none of what you hear«, singt Lou Reed in *Last Great American Whale.*

Was hörten wir? Seit 68, seit jenen APO-Tagen, prasselt es auf uns herab: »Kapitalismus! Sozialismus! Vietnam! Apartheid! Faschismus! Antifaschismus! Freiheit für! Raus aus! Hinterfragen! Kritisch! Mehr! Weniger! Cuba! Cabora Bassa! Chile! Kurden! Ulrike! Bruder Saddam! Holger! Gudrun! Isolationsfolter! Dritte Welt! Umwelt! Ozonloch! Repressive Toleranz! Wale! AKW! Solidarität mit! Hoch lebe! Nieder mit! Kein Blut für Öl! Frieden! Ja zu! Nein zu! Nie wieder! Enteignet Springer! Waldsterben! Formaldehyd! Kindesmißbrauch! Gruppe Schwupp. Brent Spar. Ausländer. Inländer. Asyl. Anti. Sponti. Tu nix! Tu was!« und so weiter.

Der Katalog dieser Schreiparolen vermengt sich zum großen deutschen Urschrei, wenn man die der anderen Epochen gleichzeitig hört. Er ist der Grundton des Jahrhunderts, das Ostinato der undemokratischen Meinungs- und Willensbildung. Parolen sind fremdbestimmt im gleichen Maß wie fremdbestimmend. Sie sind das Gegenteil von dem, was sie versprechen. Hört man sie oft genug, dann zwingen sie zum Weghören – so wie ein Telefon-Jingle beim Warten auf die Verbindung.

Parolen sind häufig eher Anlaß, genau das nicht zu tun, was die Kultur-Sturmtruppen aller Art und Zeiten von uns wollen. Die jener Tage: nebbich. Die von heute: auch bald erledigt und ersetzt. Dreißig Jahre nach Achtundsechzig ist die Zeit weitgehend parolenfrei. Das hat ja auch sein Gutes. Es ist kurios und bedenklich, daß manche das Geschrei vermissen.

In allen Menschen, in allen Generationen steckt so etwas wie ein Dr. Jekyll und ein Mr. Hyde – in der sozialistischen Bewegung wie auch in der APO, die allerdings die weiche Kuschelversion des Doppelwesens war. Mr. Hyde – um ihn in ein Bild der Zeit einzuzeichnen – war schon immer alt und niemals jung, dumm geboren, nichts dazugelernt, voll Haß auf die, die ihn hinterfragen wollten, schon in der Schule wie pensioniert. Er saß sein

Nachleben lang auf dem schon immer fest angestellten Arsch ... Dem Bild von Mr. Hyde wollte natürlich keiner gleichen. Es war die Antithese meiner Jugendzeit.

Dr. Jekyll war 1968 gut im Sinne des Katalogs der eigenen Vorgaben, der ständig vorgetragen wurde: immer jung, zwanglos, frei, selbständig, offen, emanzipiert, vorurteilslos, spontan, kritisch, alles hinterfragend ... Nach allem, was sich aus ihren Parolen extrapolieren ließ, nach ihren Entwürfen, nach all ihren Bekundungen des Freiheitsdurstes, hätte sich aus der APO eine Elite der freien Berufe, der Selbstständigen, der Unternehmer und Künstler entwickeln müssen, der »Jekylls« also. Daß es ganz anders kam, daß aus den Achtundsechzigern eine frömmelnde Funktionärsschicht entstand, lauter »Mr. Hydes«, ist auffällig, aber kein einmaliger Vorgang. Man kann ihn nur hinnehmen. Es ist ja nur normal, daß *punks* Postbeamte werden.

M.R., 1969, bei der Hängung der ersten Ausstellung (Galerie Mikro, Berlin)

Das mit den zwei Seelen ach in meiner Brust, man kennt es längst, es ist der Gang der Dinge. Keine Jugend, ob trunken mit oder ohne Wein, hält, was sie versprochen hat, ist sie erst mal erwachsen. Neu war allenfalls die Prahlerei, mit der die Lautsprecher-Epoche ansagte, sie endlich sei nicht mehr normal und final anders.

Neu war die Bereitschaft, dies alles auch zu glauben. Meine Bereitschaft dazu war groß. »Wer zweimal mit derselben pennt, gehört schon zum Establishment«, hieß es in einem betörend spießig-schwiemeligen Milieu, in dem »pennen« vielleicht das gleiche wie die Liebe war. Die Gleichsetzung war entlarvend: Kindermund tut Wahrheit kund.

Fremdbestimmend, man könnte sagen autoritär, finde ich die antiautoritären Alt-Achtundsechziger in ihrer Eltern-Rolle. Von den Kindern verlangen, das zu übernehmen, was man selbst vor zwanzig und dreißig Jahren glaubte, und sie beschimpfen, wenn sie dies nicht tun: der alte Wein im neuen Tetrapak. Als sei Gedankenfreiheit die eines einzigen Gedankens, ein Meinungserbhof, der in gerader Folge nachgelassen wird. Ihr Weltbild ist noch festgefügter als jenes, das sie dreißig Jahre früher noch bekämpften.

Als gäbe es den Schliff der Zeit nicht, der sich auch in den Glaubensdingen auswirkt. Als hätten gewisse Meinungen Ewigkeitswert. Nicht einmal *diamonds are forever*: wie dann die flüchtigen Gedanken? Der Glaube an die Permanenz der Richtigkeit hat zur Intoleranz geführt. Die heute Jungen klagen mit dem gleichem Recht über uns wie wir damals über unsere Eltern.

Der kurze Einbruch der Gedankenfreiheit war die Essenz jener Jahre. Sie ist es für mich heute noch. Doch sollte man nicht übersehen, daß der Gedankenterror so manchen näher lag als die Gedankenfreiheit. War die APO nun rigide oder konnte man sie »wie Gummi kneten«, wie sie es von ihrem Feind, dem Bürgermeister sagte? Konnte sie oder können wir alle nur als Gummi überleben?

»Seid Sand, nicht Öl im Getriebe der Welt«: Günter Eichs Postulat war zu Recht ein APO-Ohrwurm. Sand im Getriebe der Welt war die APO nur vorübergehend, danach war sie Öl im eigenen Getriebe.

Das ist der normale Gang der Dinge; er kann daher vielleicht kein Vorwurf sein. Sie war eben nicht die Jugend aller Jugenden, *youth to end all aging* sozusagen. Sie war bloß die Jugend einer Generation, und sie war wie alle.

Die APO war ein Vulkan, der kurz und gewaltsam spuckte, und dessen heiße Lava bald erstarrte. Der Widerspruchsgeist der Revolte bekam sehr schnell schal-affirmativen Beigeschmack. Daß aus Kritik Zustimmung wird, ist normal, denn die Basis jeder Kritik ist latente Affirmation. Man sollte sich dies offen eingestehen. Daß das bei der APO auch so war, fiel mir nur mehr auf als anderes.

Der Frühling der APO waren die Jahre 1964 bis 1967. 1968 war bereits der Spätsommer. Der »Deutsche Herbst« war für mich tiefer Winter. Die Hysterie jener Tage fand ich verlogen und herbeigeredet. Schon Mitte der Siebziger habe ich nichts mehr von der Aufbruchsstimmung der Sechziger gespürt.

Ich nehme vorsichtshalber an, daß ich die Aufbruchsstimmung der Siebziger nicht verstand – vorausgesetzt, daß es eine gab –, weil ich aufs Fühl- und Denkmodell der Sechziger eingeschworen war.

Mir selbst und meiner eigenen Kritik halte ich folglich das Argument entgegen, daß ich Mitte der Siebziger und Mitte meiner Dreißiger schon zu alt war und andere Aufbrüche im Sinn hatte als die auf der Straße und an der Uni. *Trust nobody over thirty* mutiert für jeden zu *Trust nobody under thirty.* Das ist normal.

Was mich zum Deutschen Herbst, den Achtundsechzigern der Siebziger in Distanz brachte, war vermutlich, daß ich erkennbar anders sozialisiert war als die zehn Jahre Jüngeren. Wer wie ich die ungeschlachte, ziellose Gewalt des Krieges miterlebt hat, verlangt nicht ohne Vorbehalt nach kleiner und gezielter Gewalt – auch wenn er mit Gewalt umzugehen weiß und den Wert kennt, den sie hat. Der Bombenkrieg war genau das gleiche wie die »Gewalt gegen Sachen«. Wir wissen, wie er mit den Sachen die Menschen liquidierte. Wer den großen Krieg erinnert, braucht für den kleinen Krieg bessere Begründungen als ein paar AgitProp-Parolen.

Mag sein, daß die APO das letzte Gerinnen und Formieren vor der finalen Formlosigkeit der Postmoderne war, das letzte Atemholen vor dem Untergang in einem Multikultibrei. Ein letztes Mal Lärm mit der eigenen Stimme, bevor er nur noch aus dem Megaphon von oben dringt. Ein letztes Mal Identität, bevor diese nur noch gekauft und verliehen wird. Ein letztes Mal Persönlichkeit, bevor wir alle *Tamagotchi-hardware* sind: das Individuelle als *software* mitgeliefert und regelmäßig *upgedatet.* Männer ohne Eigenschaften, ein letztes Mal.

Die Achtundsechziger von 68, oder ein Teil von ihnen, haben immerhin gewagt, wenn zwar nicht zu sein, dann doch zu meinen. Für einen Augenblick waren wir durch spontanes Widerstreben mit uns selbst eins und einig – weil wir mit niemandem sonst einig waren. Das ist kein schlechtes Gedächtniskapital, mag auch der Rest eingebildet und nicht von Dauer sein. Ob diese Zeit nun links war oder Mitte oder rechts: das ist egal, es war nicht das Entscheidende.

In gewisser Weise waren wir 1968 aufs angenehmste antiquiert. Was wir im Sinn hatten, waren trotz neuer Worte eher alte Werte. Unsere Parolen waren dem Sinn nach unmodern, zum Teil von vorvorgestern. Der Krieg der Worte serviert nur die Parolen ab, nicht aber deren Inhalt. »Solidarität«: hieß das nicht vormals »Treue« oder »Kameradschaft«? Und noch früher »Nächstenliebe« oder »Mitgefühl«?. »Der Kaiser lebe hoch-hoch-hoch« mutierte Neunzehnhundertachtundsechzig zu »Ho-ho-ho Tschi-minh«.

Die Texte von Henryk M. Broder und Rolf Sachsse sind in einem seltenen Ausmaß den Bildern kongruent. Henryk Broder spricht deutlich aus, was Habermas vor dreißig Jahren andeutete und viele andere noch heute oder schon immer denken. Rolf Sachsse faßt alles zusammen, was zu diesem corpus von Bildern und der Methode ihrer Präsentation angemerkt werden kann – viel mehr als mir je einfallen könnte. Die beiden Text entheben mich der (eigentlich nicht unangenehmen oder unwillkommenen) Notwendigkeit, zu meinen Bilder selbst etwas zu sagen.

Ich mische mich daher nicht ein in das, was Sache allein der Bilder ist, und lasse es mit ein paar Gedanken bewenden, von denen ich zugebe, daß sie so ungeordnet wie unordentlich sind und ihre Formulierung vorläufig. Zum Thema »1968« habe ich auch dreißig Jahre später noch keine Distanz: 68 ist mein Leben, nicht irgendein Thema. Das letzte Wort darüber wird ohnehin niemals gesprochen – egal, wer es zu haben sucht.

Zu danken ist vor allem jenen, die Gegenstand dieser Bilder sind, aber auch denen, die dieses Buch mit entstehen ließen. Vor allem Eberhard Delius, der als Fels in der Brandung die Stürme der Herstellung mit abwettern half.

Und: Erica und Emily, Uli Becker, Sibylle Bergemann, Henryk M. Broder, Gerd Druwe, Andreas Eisenhart, Arno Fischer, Bernard Fischer, Jürgen Henschel, Christine und Werner Hilsing, Gaby und Klaus Honnef, Barbara Klemm, Helmut Kodanek, Eva und Lutz Kroth, Klaus Lehnartz, Eva und Lothar Poll, Andreas Rost, Rolf Sachsse, Gundel Scholz, Gert Schwab, Wolfgang Söder, Gerd Steidl, Bettina und Christoph Stölzl.

MR, Face/off, 2. Oktober 1997

Zu den Bildern

1 : Idole und Ikonen

S. 24/25: Protestmarsch gegen militärischen Fluglärm. Hahn Air Force Base, Hunsrück. 11. Juli 1969

S. 26/27: Sonntagmittag auf dem S-Bahnhof Großgörschenstraße, Berlin-Schöneberg. 4. September 1966

S. 28/29: Bundeswehrdeserteure posieren für den Photographen. Auf den Tütenmasken das Konterfei des Rechtsanwaltes Horst Mahler. Berlin-Charlottenburg, Fußgängerbrücke über die Budapester Straße. 9. Oktober 1968

S. 30/31: Pause für die Hilfskräfte auf der Galopprennbahn Hoppegarten bei Berlin. 15. August 1973

S. 32/33: Maifeier. Berlin-Mitte, Unter den Linden. 1. Mai 1964

S. 34/35: Das Mißtrauensvotum der CDU/CSU-Opposition ist gescheitert: Bundeskanzler Willy Brandt wird stürmisch gefeiert. Bonn, Bundestag. 27. April 1972

S. 36/37: Zaungäste bei einer Demonstration. Berlin-Wedding, Sprengelstraße. 23. Juni 1967

S. 38/39: Sitzung des Konvents der Freien Universität Berlin (der Konvent ist das Studentenparlament, ein Selbstverwaltungsgremium der FU). Am Tisch von links: Egmont Fassbinder, SDS, Frank Herterich, SPD, Johann Wolfgang Landsberg, SPD, Jürgen Treulieb, SDS, Peter Strotmann, SDS. Berlin-Dahlem. 8. Mai 1968

S. 40/41: Rudi Dutschke spricht auf einer Veranstaltung zur Vorbereitung des Internationalen Protesttags gegen den amerikanischen Krieg in Vietnam. Auditorium Maximum der Freien Universität, Berlin-Dahlem. 20. Oktober 1967

S. 42/43: Demonstrationszug der APO. Berlin-Wedding, Fennbrücke. 1. Mai 1969

S. 44/45: Demonstration am Internationalen Protesttag gegen den amerikanischen Krieg in Vietnam, an der etwa 7000 Menschen teilnahmen. Berlin-Charlottenburg, Olivaer Platz. 21. Oktober 1967

S. 46/47: Protestveranstaltung auf dem Campus der FU anläßlich der Erschießung von Benno Ohnesorg. Auf dieser Veranstaltung wurde unter anderem der Rücktritt des Regierenden Bürgermeisters Heinrich Albertz gefordert. Am Mikrophon Rudi Dutschke, hinter ihm mit Sonnenbrille Reinhard Strecker, SDS; mit Megaphon Henning Kuhlmann, SDS. In der Mitte des Bildes, sitzend, der Schriftsteller Reinhard Lettau. Berlin-Dahlem. 3. Juni 67

S. 48/49: Internationaler Vietnam-Kongreß in der Technischen Universität Berlin. Rudi Dutschke, dahinter Gaston Salvatore, ferner Klaus Semler und Ernest Mandel (sitzend). Berlin-Chalottenburg. 17. Februar 1968

S. 50/51: Bei der Gedenkfeier für Rosa Luxemburg und Karl Liebknecht verbrennen rechte Gegendemonstranten die rote Fahne. Berlin-Wedding, Seestraße. 18. Januar 1969

S. 52/53: Festnahme bei einer Anti-NPD-Kundgebung in Jever, Ostfriesland. 26. August 1969

S. 54/55: Erster Tag des Prozesses gegen Fritz Teufel, der wegen Landfriedensbruch angeklagt ist – er soll bei einer Demonstration gegen den Besuch des Schah von Persien Steine geworfen haben. Rudi Dutschke und Gaston Salvatore vor der Absperrung am Kriminalgericht Moabit. Berlin-Tiergarten. 27. November 1967

S. 56/57: Ein DDR-Pavillon auf der Leipziger Messe. 3. März 1969

S. 58/59: Beisetzung auf dem Friedhof der Elisabeth- und Himmelfahrt-Gemeinde, direkt auf der Ostseite der Mauer an der Bernauer Straße. Berlin-Wedding / Berlin-Mitte. 15. Dezember 1967

S. 60: Konzentrierte Lektüre während der Besetzung des Rektorats der Freien Universität. Berlin-Dahlem. 27. Juni 1968

S. 61: Diskussion der FU. Am Tisch (von links): Klaus Meschkat, Herbert Marcuse, Jacob Taubes und Bahman Nirumand. Auditorium Maximum der FU, Berlin-Dahlem. 13. Mai 1968

S. 62/63: Rocker im Mülleimer. Berlin-Reinickendorf, Märkisches Viertel. Oktober1968

S. 64: Kinderladenkind. 21. Januar 1969

S. 65: Aufgang zum SDS-Zentrum nach einem Überfall. Berlin-Wilmersdorf, Kurfürstendamm. 18. Mai 1968

2: Pathos und Paraden

S. 68: Am Rande der Vietnam-Demonstration: Rechte Gegendemonstranten. Berlin-Charlottenburg, Bismarckstraße. 18. Februar 1968

S. 69: Demonstrationszug der APO. Berlin-Wedding. 1. Mai 1969

S. 70: Demonstration gegen die griechische Militärjunta. In der ersten Reihe (von links): Eckhard Siepmann, Bahman Nirumand, Christian Semler, Claudia Schilinsky, Wolfgang Dreßen, Michael Schneider, Manfred Riedel, Galina Rave. Berlin-Charlottenburg, Kurfürstendamm. 3. Februar 1968

S. 71: Parade während der X. Weltfestspiele der Jugend und Studenten. Berlin-Mitte. 4. August 1973

S. 72: Teilnehmer an der Vietnam-Demonstration. Berlin-Charlottenburg, Bismarckstraße. 18. Februar 1968

S. 73: Demonstration am Internationalen Protesttag gegen den amerikanischen Krieg in Vietnam. Berlin-Charlottenburg, Kurfürstendamm. 21. Oktober 1967

S. 74: Jugendweihe der Hans-Beimler-Oberschule. Großer Kultursaal des VEB Narva, Berlin-Friedrichshain. 7 April 1974

S. 75: FDJ-Musikkorps und Zuschauer bei den X. Weltfestspielen der Jugend und Studenten. Berlin-Mitte, Karl-Marx-Allee. 13. August 1973

S. 76: Parade zum 1. Mai. Die Zuschauer sind abgelenkt durch eine PanAm 727 beim Landeanflug. Berlin-Friedrichshain, Strausberger Platz. 1. Mai 1974

S. 77: Parade zum 1. Mai. Berlin-Friedrichshain, Strausberger Platz. 1. Mai 1974

S. 78: Demonstration. Prag, Wenzelsplatz. 25. August 1968

S. 79: Richard Nixon in Berlin: Vor dem Café Kranzler demonstrieren Berliner ihre Verbundenheit mit dem amerikanischen Präsidenten. Berlin-Charlottenburg, Kurfürstendamm. 27. März 1969

S. 80/81: Drei Tage nach der Vietnam-Demonstration versammeln sich etwa 70.000 Berliner unter dem Motto »Berlin darf nicht Saigon werden« zu einer Gegenkundgebung vor dem Schöneberger Rathaus. Aufgerufen hatten der DGB, der Berliner Senat und die Springer-Presse. Berlin-Schöneberg, John-F.-Kennedy-Platz. 21. Februar 1968

S. 82: Demonstration gegen die amerikanische Vietnam-Politik. Berlin-Charlottenburg, Kurfürstendamm Ecke Uhlandstraße / Grolmannstraße. 5. Februar 1966

S. 83: Hungerstreik für die Freilassung von Fritz Teufel im Haus der Evangelischen Studentengemeinde. Berlin-Dahlem, Gelfertstraße. 21. Juni 1967

S. 84: Während der »Schlacht am Tegeler Weg«: Verletzter Polizist. Berlin-Charlottenburg. 4. November 1968

S. 85: Turner bei den X. Weltfestspielen der Jugend und Studenten. Berlin-Mitte, Karl-Marx-Allee. 4. August 1973

S. 86: Teilnehmer an der Vietnam-Demonstration. Mit Ballonmütze: Jan-Carl Raspe. Berlin-Charlottenburg. 18. Februar 1968

S. 87: Demonstrationszug der APO. Berlin-Wedding, Fennbrücke. 1. Mai 1969

S. 88: Demonstration gegen den Freispruch für den Nazi-Richter Hans-Joachim Rehse, der als Beisitzer am Volksgerichtshof mindestens 230 Todesurteile unterschrieben hatte. Im April 1968 hatte der Bundesgerichtshof entschieden, daß die Urteile des Volksgerichtshofes »noch im Bereich der Gesetzesauslegung gelegen« hätten. Daraufhin wurde Rehse am 5. Dezember von der Anklage wegen Mordes freigesprochen. Berlin-Schöneberg, Martin-Luther-Straße. 14. Dezember 1968

S. 89: Schlesier beim »Tag der Heimat« in der Berliner Waldbühne. 2. September 1967

S. 90: Die Betriebskampfgruppe ist angetreten. Dresden, Elbwiesen. 29. September 1973

S. 91, 92: Kundgebung unter dem Motto »Berlin darf nicht Saigon werden« vor dem Schöneberger Rathaus. Berlin-Schöneberg, John-F.-Kennedy-Platz. 21. Februar 1968

S. 93: Demonstration gegen die griechische Militärjunta. Berlin-Charlottenburg, Kurfürstendamm. 19. November 1967

S. 94: Gegenkundgebung unter dem Motto »Berlin darf nicht Saigon werden« vor dem Schöneberger Rathaus. Berlin-Schöneberg, John-F.-Kennedy-Platz. 21. Februar 1968

S. 95: Vietnam-Demonstration. Berlin-Charlottenburg. 18. Februar 1968

S. 96: Der AStA-Vorsitzende Johann Wolfgang Landsberg demonstriert für die Freilassung von Fritz Teufel. Berlin-Charlottenburg, Kurfürstendamm. 6. August 1967

S. 97: Demonstration gegen den Freispruch für den Nazi-Richter Hans-Joachim Rehse. Berlin-Schöneberg, John-F.-Kennedy-Platz. 14. Dezember 1968

S. 98: Erster Tag des Prozesses gegen Fritz Teufel. Der amerikanische Journalist Charles Creesy wird festgenommen. Berlin-Tiergarten. 27. November 1967

S. 99: Ein Happening der Kommune 1: Fritz Teufel will wieder in Untersuchungshaft genommen werden. Berlin-Tiergarten. 18. August 1967

S. 100: FDJ-Trommler bei der Kundgebung zum »Internationalen Gedenktag für die Opfer des Faschismus und Kampftag gegen Faschismus und Krieg«. Berlin-Mitte, Marx-Engels-Platz. 8. September 1968

S. 101: Vietnam-Demonstration. Berlin-Charlottenburg. 18. Februar 1968

S. 102/103: Happening anläßlich der Entlassung von Fritz Teufel aus der Untersuchungshaft. Berlin-Charlottenburg, Kurfürstendamm. 12. August 67

S. 104: Demonstration gegen den Freispruch für den Nazi-Richter Hans-Joachim Rehse. Berlin-Schöneberg, John-F.-Kennedy-Platz. 14. Dezember 1968

S. 105: Die Werbung erkennt die Zeichen der Zeit. 22. Juni 1966

3: Große Gesten

S. 108: Gedenkstätte für die Interbrigadisten im Volkspark Friedrichshain: Plastik eines Spanienkämpfers von Fritz Cremer, am Tag vor der Enthüllung. Berlin-Friedrichshain. 6. September 1968

S. 109: Flugzeug beim Landeanflug auf den Flughafen Tempelhof. St-Thomas-Friedhof, Berlin-Neukölln, Hermannstraße. 17. Juli 1968

S. 110: Bei der Gedenkfeier für Rosa Luxemburg und Karl Liebknecht verbrennen rechte Gegendemonstranten die rote Fahne. Berlin-Wedding, Seestraße. 18. Januar 1969

S. 111: Am Rande der sozialistischen Maikundgebung zünden rechte Gegendemonstranten die rote Fahne an. Berlin-Neukölln. 1. Mai 1968

S. 112: Rudi Dutschke spricht bei der Kundgebung zum Internationalen Protesttag gegen den amerikanischen Krieg in Vietnam. 21. Oktober 1967

S. 113: Willy Brandt. Herbst 1973

S. 114: Besetzung des FU-Rektorats: der Fleischerlehrling Hans-Joachim Gaffron im Ornat des Rektors. Berlin-Dahlem. 27. Juni 1968

S. 115: Großveranstaltung der »Sozialistischen Jugend Deutschlands – Die Falken« gegen die große Koalition zwischen SPD und CDU. »Neue Welt«, Berlin-Neukölln. 29. November 1966

S. 116: Trauerkundgebung für den am Tag zuvor ermordeten Robert Kennedy vor dem Schöneberger Rathaus. Berlin-Schöneberg, John-F.-Kennedy-Platz. 6. Juni 68

S. 117: Protestveranstaltung in der FU anläßlich des Todes von Benno Ohnesorg, der am Tag zuvor von der Polizei erschossen worden war. Am Mikrophon Rudi Dutschke, vorne rechts Günter Grass. 3. Juni 1967

S. 118: Protestveranstaltung auf dem Campus der FU anläßlich der Erschießung von Benno Ohnesorg. Am Mikrophon Rudi Dutschke, mit Megaphon Henning Kuhlmann, SDS. Berlin-Dahlem. 3. Juni 1967

S. 119: Kundgebung während der Besetzung des FU-Rektorats. Berlin-Dahlem. 27. Juni 1968

S. 120: Gründung der »Kritischen Universität« im Audimax der FU. Berlin-Dahlem. 1. November 1967

S. 121: Protestveranstaltung auf dem Campus der FU anläßlich der Erschießung von Benno Ohnesorg. Berlin-Dahlem. 3. Juni 1967

S. 122: Gespannte Aufmerksamkeit beim Springer-Hearing im Ernst-Reuter-Saal der TU. Berlin-Charlottenburg. 9. Februar 1968

S. 123: Studentische Vollversammlung der TU Berlin. 7. Berlin-Charlottenburg. Februar 1968

S. 124: Informationsveranstaltung des AStA der FU im Audimax. Der Schriftsteller Reinhard Lettau beschließt seinen Vortrag »Von der Servilität der Presse« mit den Worten: »Verzeihen Sie, wenn ich jetzt das Resultat meiner Berliner Presseanalyse dadurch mitteile, daß ich hier jetzt die Berliner Zeitungen zerreiße.« Berlin-Dahlem. 19. April 1967

S. 125: Protest gegen den rassistischen Film *Africa Addio* im Astor-Kino. Links Fritz Teufel, in der Mitte der Vorsitzende des afrikanischen Studentenbundes, Adekunle Ajala. Berlin-Charlottenburg, Kurfürstendamm. 2. August 1966

S. 126/127: Mitglieder des Akademischen Senats der Freien Universität diskutieren mit Studenten. Am Mikrophon Rektor Hans-Joachim Lieber, links neben ihm der AStA-Vorsitzende Knut Nevermann, rechts von Lieber, ohne Krawatte, Ludwig von Friedeburg, Dekan der Wirtschafts- und Sozialwissenschaftlichen Fakultät der FU; daneben, sitzend, Sigrid Rüger, die studentische Sprecherin im akademischen Senat. Berlin-Dahlem. 22. Juni 1966

S. 128/129: Vollversammlung der Kritischen Universität an der TU Berlin. Am Mikrophon Sigrid Fronius (SDS, später AStA-Vorsitzende). Berlin-Charlottenburg. 7. Februar 1968

S. 130: Schaufensterdekoration zum 1. Mai. Berlin-Mitte. 14. Mai 1974

S. 131: Aufräumarbeiten nach dem Ende der X. Weltfestspiele der Jugend und Studenten. Berlin-Mitte. 7. August 1973

S. 132: Der Architekt Hermann Henselmann in seinem Arbeitszimmer. Von Henselmann stammen unter anderem die Entwürfe für die Stalin-Allee (später Karl-Marx-Allee) und für den Berliner Fernsehturm am Alexanderplatz. Berlin-Pankow. 3. Mai 1974

S. 133: Besetzung des FU-Rektorats: Professoren, darunter der Rektor Professor Dr. Dr. Ewald Harndt (mit erhobener Hand), weigern sich, »unter Druck« mit den Studenten zu verhandeln. Berlin-Dahlem. 27. Juni 1968

S. 134: Herbert Marcuse, Heidi Krause und Arie Goral im Disput. Auditorium Maximum der FU, Berlin-Dahlem. 13. Mai 1968

S. 135: Diskussion in der TU: stehend Erich Kuby, am Tisch in der Mitte der NPD-Vorsitzende Adolf von Thadden. Berlin-Charlottenburg. 24. Februar 1967

S. 136: Weihnachtsmarkt. Berlin-Mitte, Alexanderplatz. 7. Dezember 1968

S. 137: Karl-Eduard von Schnitzler spricht vor der »Gesellschaft für deutsch-sowjetische Freundschaft«. Leipzig. 5. März 1969

S. 138: Freudenfest aus Anlaß von Fritz Teufels Entlassung aus der Untersuchungshaft. Berlin-Charlottenburg, Kurfürstendamm. 12. August 1967

S. 139: Demonstration gegen die amerikanische Vietnam-Politik. Berlin-Charlottenburg, Kurfürstendamm. 5. Februar 1966

S. 140: Sitzung des Konvents der FU. Stehend mit Manuskript der RCDS-Vorsitzende Jürgen Bernd Runge. 26. April 1967

S. 141: Springer-Hearing im Ernst-Reuter-Saal der TU. Am Mikrophon Fritz Teufel. Berlin-Charlottenburg. 9. Februar 1968

S. 142: Parade zum 1. Mai. Vor der Prominententribüne. Berlin-Friedrichshain, Karl-Marx-Allee. 1. Mai 1974

S. 143: Demonstranten werden verhaftet, nachdem Farbbeutel auf das Amerikahaus geflogen sind. Berlin-Charlottenburg, Hardenbergstraße. 26. März 1967

S. 144: Bei der Protestveranstaltung anläßlich der Erschießung von Benno Ohnesorg: ein Polizist will nicht photographiert werden. Berlin-Dahlem. 3. Juni 1967

S. 145: Schießbude im Kulturpark. Berlin-Treptow. 3. November 1969

S. 146: Das Japanologische Institut des Ostasiatischen Seminars der FU wird von Studenten besetzt und verbarrikadiert. Berlin-Dahlem. 2. Juli 1968

S. 147: Streik an der Film- und Fernsehakademie. In der hinteren Reihe mit überm Knie verschränkten Händen: Wolfgang Petersen. Berlin-Charlottenburg. 4. Februar 1969

S. 148: Schildermalen für den Vietnam-Kongreß. Berlin-Charlottenburg. 17. Februar 1968

S. 149: Schildermalen im besetzten Germanischen Seminar der FU. Berlin-Dahlem. 27. Mai 1968

S. 150: Teilnehmer des Internationalen Vietnam-Kongreß übernachten im Lichthof der TU. Berlin-Charlottenburg. 17. Februar 1968

S. 150: Studentenbude. Berlin-Charlottenburg. 12. September 1968

S. 150/151: Teilnehmer des Internationalen Vietnam-Kongreß übernachten im Lichthof der TU. Berlin-Charlottenburg. 17. Februar 1968

4: Kleine Geschichten. Geschichte im Kleinen

S. 154-163: Szenen aus der Kommune 1. Berlin-Charlottenburg, Stuttgarter Platz. 8. März 1968

S. 164-167: Beisetzung auf dem Friedhof der Elisabeth- und Himmelfahrt-Gemeinde in Berlin-Mitte, direkt auf der Ostseite der Mauer an der Bernauer Straße. Westberliner Verwandte nehmen aus der Ferne Teil, über Mauer, Panzersperren und Stacheldraht hinweg. 15. Dezember 1967

S. 169-173: Auf dem Parteitag der CDU ohrfeigt Beate Klarsfeld den damaligen Bundeskanzler Kurt Georg Kiesinger wegen dessen früherer Tätigkeit in Joseph Goebbels Reichspropagandaministerium. 6. November 1968

S. 174-177: Redakteure des »Berliner Extrablatt« und Drucker bei der Produktion der letzten Ausgabe in der Druckerei Büxenstein. 12. Mai 1967

S. 178-191: Nach einer Solidaritätskundgebung für den Anwalt Horst Mahler greifen ungefähr tausend Demonstranten die Polizei mit Pflastersteinen an. Zum ersten Mal spielen die Studenten nicht mehr die Rolle des defensiven Opfers, sondern agieren aggressiv. Berlin-Charlottenburg. 4. November 1968

S. 192-193: Auf dem St.-Thomas-Friedhof, direkt unter der Einflugschneise des Flughafens Tempelhof, macht der Galerist Rudolf Springer den großen Sprung voran. Berlin-Neukölln, Hermannstraße. 27. September 1968

S. 194-197: Festnahmen bei einer Anti-NPD-Kundgebung in Jever, Ostfriesland. 26. August 1969

S. 198-201: Flughafen Tempelhof: Beim »Tag der offenen

Tür« demonstriert unter anderem Gudrun Ensslin gegen die Bombardierung Vietnams. 16. Juli 1967

S. 202-208: Studentinnen. 2. März 1968

5: Die Einen und die Anderen

S. 208: Amerikanische Kriegsdienstverweigerer versuchen, ihre Einberufungspapiere zurückzugeben. American Headquarters, Berlin-Dahlem, Saargemünder Straße. 8. Februar 1968

S. 209: Der AStA-Vorsitzende Knut Nevermann übergibt Bundeskanzler Kiesinger einen Protestbrief gegen die geplanten Notstandsgesetze. Am rechten Bildrand: Regierungssprecher Conrad Ahlers. 7. März 1967

S. 210: Schlesier beim »Tag der Heimat« in der Berliner Waldbühne. 2. September 1969

S. 211: Der Verleger Axel C. Springer als Zeuge im Prozeß gegen Horst Mahler, der wegen schweren Landfriedensbruchs angeklagt ist. Rechts Mahler und sein Anwalt Otto Schily. 4. März 1970

S. 212: Fritz Teufel auf der Anklagebank, kurz vor dem Freispruch. Kriminalgericht Moabit, Berlin-Tiergarten. 22. Dezember 1967

S. 213: Krematoriumsarbeiter holt Asche aus dem Ofen. Berlin-Wilmersdorf. 17. Juli 1968

S. 214: Arie Goral demonstriert gegen die »National-Zeitung«. Berlin-Charlottenburg, Jebensstraße. 30. Januar 1966

S. 215: Bei der Maifeier vor dem Reichstag. Der RCDS-Vorsitzende Jürgen-Bernd Runge demonstriert für Bundeskanzler Kurt-Georg Kiesinger. Berlin-Tiergarten, Platz der Republik. 1. Mai 1967

S. 216: Bei der Jugendweihe sorgt die Volkspolizei für die musikalische Umrahmung. Berlin-Friedrichshain. 7. Juli 1974

S. 217: Gaston Salvatore und Rudi Dutschke auf dem Internationalen Vietnam-Kongreß in der TU. Berlin-Charlottenburg. 17. Februar 1968

S. 218: Demonstration gegen den Freispruch für den Nazi-Richter Hans-Joachim Rehse. Berlin-Schöneberg, John-F.-Kennedy-Platz. 14. Dezember 1968

S. 219: Der neue Regierende Bürgermeister, Klaus Schütz, bei einer Diskussion mit Studenten in der FU. Neben Schütz, zum Plakat gewendet, der AStA-Vorsitzende Johann Wolfgang Landsberg; ganz rechts Günter Struwe. Auditorium Maximum der FU, Berlin-Dahlem. 19. Dezember 1967

S. 220: Parade zum 1. Mai. Vor der Prominententribüne. Berlin-Friedrichshain, Karl-Marx-Allee. 1. Mai 1974

S. 221: Demonstration gegen die griechische Militärjunta: Caféhausbesucher und Polizisten. Berlin-Charlottenburg, Kurfürstendamm. 3. Februar 1968

S. 222: Demonstration gegen die griechische Militärjunta: Ein Demonstrant wird festgenommen. Berlin-Charlottenburg, Kurfürstendamm. 3. Februar 1968

S. 223: Während der »Schlacht am Tegeler Weg«: Ein Demonstrant wird festgenommen. Berlin-Charlottenburg. 4. November 1968

S. 224/225: Diskussion mit Herbert Marcuse. Auditorium Maximum der FU, Berlin-Dahlem. 13. Mai 1968

S. 226/227: X. Weltfestspiele der Jugend und Studenten. Berlin-Mitte, Stadion der Weltjugend (ehemals Walter-Ulbricht-Stadion). 28. Juli 1973

S. 228: Demonstration gegen die griechische Militärjunta: Vor dem Amerika-Haus warten Polizisten auf Demonstranten. Berlin-Charlottenburg, Hardenbergstraße. 3. Februar 1968

S. 229: Gegendemonstration der Falken zum »Tag der deutschen Einheit«. Vorne links Ines Lehmann, SDS, dahinter von links Peter Neitzke (SDS), Manfred Riedel, Dorothea Ridder (SDS), Wolfgang Dreßen (SDS), Horst Kurnitzky (SDS) und Peter Schneider. »Neue Welt«, Berlin-Neukölln. 17. Juni 1967

S. 230: Der Regierende Bürgermeister Klaus Schütz bei der Eröffnung der Neuen Nationalgalerie, links neben ihm Bundesinnenminister Ernst Benda. Berlin-Tiergarten. 15. September 1968

S. 231: Eröffnung der X. Weltfestspiele der Jugend und Studenten. Hinter Erich Honnecker: Ministerpräsident Willi Stoph und das Politbüromitglied Hermann Axen. Berlin-Mitte, Stadion der Weltjugend. 28. Juli 1974

S. 232: Während der X. Weltfestspiele der Jugend und Studenten. FDJ-Gruppe und Wachsoldat vor dem »Mahnmal für die Opfer des Faschismus und Militarismus«. Berlin-Mitte, Under den Linden. 3. August 1973

S. 233: Besetzung des FU-Rektorats. Berlin-Dahlem. 27. Juni 1968

S. 234: Während der »Schlacht am Tegeler Weg«: Festgenommene Demonstranten werden abgeführt. Berlin-Charlottenburg. 4. November 1968

S. 235: Festnahme bei der Demonstration zum Besuch des amerikanischen Präsidenten Richard Nixon in Berlin. Die Polizei trägt zum ersten Mal richtige Schutzhelme statt der althergebrachten Tschakos. 27. März 1969

S. 236: Rudi Dutschke bei einer Großveranstaltung der »Sozialistischen Jugend Deutschlands – Die Falken« gegen die große Koalition zwischen SPD und CDU. »Neue Welt«, Berlin-Neukölln. 29. November 1966

S. 237: Rudi Dutschke. Berlin-Friedenau, Cosimaplatz. 25. Februar 1968

S. 238: Der neugewählte Regierende Bürgermeister von Berlin, Klaus Schütz, bei einer Diskussion in der Kirchlichen Hochschule. Vorne in der Mitte Bernd Rabehl. Berlin-Lankwitz. 24. November 1967

S. 239: Rudi Dutschke spricht in der Neu-Westend-Kirche zu Beginn eines Hungerstreiks für die Freilassung von Fritz Teufel. Berlin-Charlottenburg. 20. Juni 1967

S. 240: Rektoratsübergabe an der TU: Vereidigung des neuen Rektors Professor Dr. Weichselberger. Daneben der Regierende Bürgermeister Klaus Schütz. Berlin-Charlottenburg. 24. November 1967

S. 241: Rektoratsübergabe an der TU: Gute Laune bei der Feierstunde. Berlin-Charlottenburg. 24. November 1967

S. 242: Parade zum 1. Mai. Berlin- Friedrichshain, Karl-Marx-Allee 1. Mai 1974

S. 243: Schlesier beim »Tag der Heimat« in der Berliner Waldbühne. 2. September 1967

S. 244: Gelöste Stimmung während der Besetzung des FU-Rektorats. Berlin-Dahlem. 27. Juni 1968

S. 245: Tanzende bei der Eröffnung der Neuen Nationalgalerie. Berlin-Tiergarten. 15. September 1968

S. 246: Freudenfest anläßlich der Entlassung von Fritz Teufel aus der Untersuchungshaft. Ganz rechts die spätere SPD-

Finanzexpertin Ingrid Matthäus-Maier. Berlin-Charlottenburg, vor der Gedächtniskirche. 12. August 1967

S. 247: FDJ-Musikkorps bei den X. Weltfestspielen der Jugend und Studenten. Berlin-Mitte 4. August 1973

S. 248: Obdachlosenasyl. Berlin-Britz. 2. Juli 1968

S. 249: Im Oktoberklub. Berlin-Mitte, Rosa-Luxemburg-Strasse. 7. August 1973

S. 250: Peter Weiss und Regisseur Karl Paryla bei der Generalprobe zu Weiss' Stück »Gesang vom lusitanischen Popanz«. 5. Oktober 1967

S. 251: In der »Schaubühne am Halleschen Ufer«: Peter Stein, Otto Sander, Bruno Ganz und andere. Berlin-Kreuzberg. 12. März 1974

S. 252: Gerüstbauer. Karl-Marx-Stadt, Altes Rathaus. 8. Mai 1974

S. 253: Der Schauspieler und sein Regisseur: Otto Sander und Peter Stein. Berlin-Kreuzberg. 12. März 1974

S. 254: Peter Range im Büro von *Time Magazine*. Bonn-Bad Godesberg. 4. Oktober 1969

6: Ost und West

S. 256: Amerikanische Soldaten bei der Parade zum 4. Juli. Berlin-Grunewald, Clayallee. 4. Juli 1968

S. 257: Spielmannszug der NVA bei der Parade während der X. Weltfestspiele der Jugend und Studenten. Berlin-Mitte. 2. August 1973

S. 258: Flughafen Tempelhof : Beim »Tag der offenen Tür« turnen Kinder auf militärischem Gerät herum. 16. Juli 1967

S. 259: Zuschauer bei der Parade zum 1. Mai. Berlin-Friedrichshain, Karl-Marx-Allee. 1. Mai 1974

S. 260: Amerikanischer Panzer und Zuschauer bei der Parade zum 4. Juli. Berlin-Grunewald, Clayallee. 4. Juli 1968

S. 261: Parade zum 1. Mai. Vor der Prominententribüne. Berlin-Friedrichshain, Karl-Marx-Allee. 1. Mai 1974

S. 262: Kundgebung zum »Internationalen Gedenktag für die Opfer des Faschismus und Kampftag gegen Faschismus und Krieg«. Der überlebensgroße Walter Ulbricht und Zuschauer aus dem Volk. Berlin-Mitte, Marx-Engels-Platz. 8. September 1968

S. 263: Fritz Teufel auf dem Freudenfest anläßlich seiner Entlassung aus der Untersuchungshaft. Berlin-Charlottenburg, Kurfürstendamm. 12. August 1967

S. 264: Fritz Teufel und sein Anwalt Horst Mahler auf der Pressekonferenz anläßlich von Teufels Entlassung aus der Untersuchungshaft. Berlin-Charlottenburg. 10. August 1967

S. 265: Der Anwalt Friedrich-Karl Kaul in seiner Kanzlei. Berlin-Mitte. 4. Dezember 1969

S. 266: Vietnam-Demonstration. Rechts Sebastian Haffner. Berlin-Charlottenburg. 18. Februar 1968

S. 267: Putzbrigade des VEB Wohnbau. Berlin-Mitte. 23. 9.1969

S. 268: »Sing mit!« – Veranstaltung im Klub »International«. Berlin-Mitte, Karl Marx Allee. 10. September 1967

S. 269: Wolfgang Neuss auf einer studentischen Protestversammlung an der FU. Mit Megaphon: Andreas Wiesand, Vorsitzender der Humanistischen Studentenunion; rechts neben Neuss: Dirk Müller, SDS. Berlin-Dahlem. 22. Juni 1966

S. 270: Flugzeug beim Landeanflug auf den Flughafen Tempelhof. St-Thomas-Friedhof, Berlin-Neukölln, Hermannstraße. Oktober 1968

S. 271: Verlassene Häuser kurz vor dem Abriß. Berlin-Kreuzberg, Skalitzer Straße. 17. Juni 1968

S. 272: Kneipe. Berlin-Kreuzberg. 29. Juli 1967

S. 273: Kneipe in Leipzig. März 1969

S. 274/275: Im Foyer der Komischen Oper. Berlin-Mitte, Behrenstraße. Januar 1967

S. 276: Straßenszene. Berlin-Prenzlauer Berg 28. Oktober 1966

S. 277: Hinterhof. Berlin-Schöneberg, Pallasstraße. 6. Dezember 1965

S. 278: Balkon. Berlin-Prenzlauer Berg. April 1973

S. 279: Spielende Kinder im Hinterhof. Berlin-Kreuzberg. 29. Juli 1967

S. 280: Rainer Langhans, Lee von Cleef und andere in der Kommune 1. Berlin-Charlottenburg, Stuttgarter Platz. 8. März 1968

S. 281: Rentner beim Eisessen. Berlin-Friedrichshain, Karl-Marx-Allee. 20. Mai 1966

S. 282: Der Photograph Arno Fischer in seinem Atelier. Berlin-Prenzlauer Berg. 20 November 1973

S. 283: Der Photograph Jürgen Henschel bei der Demonstration am Internationalen Protesttag gegen den amerikanischen Krieg in Vietnam. 21. Oktober 1967

S. 284: Schaufensterdekoration zum 20. Geburtstag der SED. Berlin-Mitte. 21. April 1966

S. 285: Die offizielle Feier zum 1. Mai vor dem Reichstagsgebäude ist zu Ende. Berlin-Tiergarten, Platz der Republik. 1. Mai 1969

S. 286: Das Fernsehen zeigt mit einer Karte, wie die Truppen des Warschauer Paktes in die CSSR einmarschiert sind. 21. August 1968

S. 287: Fensterdekoration nach dem Einmarsch der Truppen des Warschauer Paktes. Prag. 24. August 1968

S. 288: Blick durchs Brandenburger Tor nach Westen. Berlin-Mitte, Pariser Platz. 14. September 1967

S. 289: Blick von der Aussichtsplattform am Checkpoint Charlie nach Osten; rechts, im Westen, das Springer-Hochhaus, links im Osten das Gebäude des Unionsverlags. Berlin-Kreuzberg. 20. Juli 1967

7: Alt und Jung

S. 292: Alte Kämpferin beim Sternmarsch gegen die Notstandsgesetze. Bonn. 12. Mai 1968

S. 293: FDJ-Spielmannszug bei den X. Weltfestspielen der Jugend und Studenten. Berlin-Mitte 28. Juli 1973

S. 294: Rudi Dutschke wickelt seinen Sohn Hosea Che. Berlin-Friedenau, Cosimaplatz. 25. Februar 1968

S. 295: Zuschauer bei der Parade zum 1. Mai. Berlin-Friedrichshain, Lichtenberger Straße. 1. Mai 1974

S. 296: Kinderladenkind und pädagisches Programm. 21. Januar 1969

S. 297: Junge Pioniere und NVA-Offiziere bei den X. Weltfestspielen der Jugend und Studenten. Berlin-Mitte. 2. August 1973

S. 298: Urlauber am Ostseestrand. Warnemünde. 16. August 1966

S. 299: Kinderladenkinder und Vorbild beim kollektiven Entleeren. Berlin-Charlottenburg. 21. Januar 1969

S. 300: Zuschauer bei der Parade zum 1. Mai. Berlin-Friedrichshain, Karl-Marx-Allee. 1. Mai 1974

S. 301: Kinderladenkinder machen Musik. 21. Januar 1969

S. 302/303: Junge Turner aus Rostock zu Besuch in der Hauptstadt der DDR. Berlin-Mitte, Unter den Linden. 27. Juli 1973

S. 304: Kinderladenkinder beim Malen. 21. Januar 1969

S. 305: Kindergartenkinder beim Spaziergang. Berlin-Friedrichshain, Karl-Marx-Allee. 28. Oktober 1966

S. 306: Kinderladenkind und Erzieher. 21. Januar 1969

S. 307: Im »Psychoanalytischen Kindergarten« von Dr. Gisela Ammon. Berlin-Charlottenburg. 25. Januar 1969

S. 308: Fritz Teufel, Dieter Kunzelmann auf dem Freudenfest aus Anlaß von Teufels Entlassung aus der Untersuchungshaft. Berlin-Charlottenburg, Kurfürstendamm. 12. August 1967

S. 309: Kinderladenkinder und Erzieher. 21. Januar 1969

S. 310: Frühstück (Ost). 4. August 1973

S. 310: Frühstück (West). 8. Mai 1967

S. 311: Frühstück (West). 13. September 1967

S. 312: X. Weltfestspiele der Jugend und Studenten: Zuschauer bei einer Aufführung im Oktoberklub. Berlin-Mitte. 7. August 1973

S. 313: Am S-Bahnhof Berlin-Schöneweide. 9. November 1967

S. 314: Ilja Richter turnt im Fenster, sein Vater schaut zu. 13. Februar 1969

S. 315: Fritz Teufel und Rainer Langhans posieren in langen Ledermänteln auf einem Tisch in der Kommune 1. Berlin, Stuttgarter Platz. 8. März 1968

S. 316: Fritz Teufel, Rainer Langhans auf dem Freudenfest aus Anlaß von Teufels Entlassung aus der Untersuchungshaft. Berlin-Charlottenburg, Kurfürstendamm. 12. August 1967

S. 317: Rentner mit Hund. Berlin-Charlottenburg, Kurfürstendamm. 11. November 1966

S. 318: Paar im Rollstuhl. Berlin-Friedrichshain. 20. Mai 1966

S. 319: Zeitungsverkäufer. Leipzig. 3. März 1969

S. 320/321: Gäste im Café Handke. Berlin-Schöneberg, Potsdamer Straße. 20. November 1967

S. 322: Kneipenbesucher. 20. September 1967

S. 323: Kneipenbesucher. 20. September 1967

S. 324: Bautzen. 1. Oktober 1973

S. 325: Marktfrau zerkleinert Obstkisten. Berlin-Schöneberg, Winterfeldtmarkt. 10. Oktober 1967

S. 326: Gerüstbauer. Berlin-Mitte. September 1969

S. 327: X. Weltfestspiele der Jugend und Studenten: Beim Großen Preis der DDR. Galopprennbahn Hoppegarten bei Berlin. 5. August 1973

S. 328: Verkäuferin für Tombola-Lose. Berlin-Mitte, Friedrichstraße. 24. August 1966

S. 329: X. Weltfestspiele der Jugend und Studenten. Berlin-Mitte 4. August 1973

S. 330: Alter Mann am flaggengeschmückten U-Bahn-Eingang. Berlin-Friedrichshain, Karl-Marx-Allee. 30. Juni 1967

S. 331: X. Weltfestspiele der Jugend und Studenten. Berlin-Mitte 4. August 1973

Kapitel 8: Szene und Milieu

S. 334: Berlin-Schöneberg, Pallasstraße 8/9. 2. Januar 1968

S. 335: Party bei Peter Bernet. Berlin-Charlottenburg. 27. Juli 1967

S. 336: Gemeinsames Abendessen im Studentendorf. Berlin-Zehlendorf. 17. September 1968

S. 337: Gründung der »Kritischen Universität« im Audimax der FU. Berlin-Dahlem. 1. November 1967

S. 338/339: Gespannte Aufmerksamkeit im »Republikanischen Club«. Berlin-Charlottenburg. 18. Oktober 1967

S. 340: Pressekonferenz im Republikanischen Club anläßlich der Entlassung von Fritz Teufel aus der Untersuchungshaft: hinten Ulrich K. Preuss, Klaus Meschkat, Teufel, Horst Mahler; vorne Dieter Kunzelmann, Antje Krüger, Ulrich Enzensberger. An der Wand Politkunst von Sarah Haffner. Berlin-Charlottenburg. 10. August 1967

S. 341: Diskussion im Republikanischen Club: Günter Grass, Knud Nevermann (verdeckt), Prof. Jacob Taubes und Bahman Nirumand. Berlin-Charlottenburg. 22. Oktober 1967

S. 342: SDS-Zentrum nach einem Überfall. Berlin-Wilmersdorf, Kurfürstendamm. 18. Mai 1968

S. 343: SDS-Zentrum nach einem Überfall. Berlin-Wilmersdorf, Kurfürstendamm. 18. Mai 1968

S. 344: Kinderladenkind und Wandschmuck. 21. Januar 1968

S. 345: Aufruf des AStA an Bevölkerung und Studenten, bei der Aufklärung von Übergriffen der Polizei auf Demonstranten mitzuhelfen. 20. Juli 1967

S. 346: Obdachlosenasyl. Berlin-Britz 2. Juli 1968

S. 347: Gretchen, Hosea Che und Rudi Dutschke in ihrer Wohnung. Berlin-Friedenau, Cosimaplatz. 25. Februar 1968

S. 348: Freudenfest anläßlich der Entlassung von Fritz Teufel aus der Untersuchungshaft. Mit Zigarette: Andreas Baader. Berlin-Charlottenburg, vor der Gedächtniskirche. 12. August 1967

S. 349: Leierkastenmann im Rollstuhl. Berlin-Schöneberg. 20. Mai 1966

S. 350: Bei Aschinger. Berlin-Charlottenburg. 5. Mai 1966

S. 351: Kneipe. Berlin-Kreuzberg. 29. Juli 1967

S. 352/353: Faschingsfeier im Studentenclub. Berlin-Mitte, Linienstraße. 352,

S. 354: Der Photograph Arno Fischer zeigt Bilder aus Afrika bei Thea und Roger Melis. Berlin-Mitte. 2. Februar 1973

S. 355: Der Photograph Richard Peter Senior mit einer Aufnahme des zerstörten Zwinger. Dresden. 9. Mai 1974

S. 356: Galeristen auf dem Friedhof: Lothar C. Poll, Bernhard Höke, Eva Poll, Michael S. Cullen, Rudolf Springer, René Block. St-Thomas-Friedhof, Berlin-Neukölln, Hermannstraße. 27. September 1968

S. 357: Christine und Werner Hilsing. Berlin-Charlottenburg. 13. Juni 1969

S. 358: Kurz vor der Landung auf dem Flughafen Tempelhof. St-Thomas-Friedhof. Berlin-Neukölln, Hermannstraße. 17. Juli 1968

S. 359: Blick aus dem Flugzeug kurz vor der Landung auf dem Flughafen Tempelhof. 9. Mai 1969